Kinder schreiben eigene Texte: Klasse 1 und 2

Lehrer-Bücherei: Grundschule

Herausgegeben von Horst Bartnitzky und Reinhold Christiani

Gudrun Spitta

Kinder
schreiben eigene Texte:
Klasse 1 und 2

**Lesen und Schreiben im Zusammenhang
Spontanes Schreiben
Schreibprojekte**

CIP-Titelaufnahme der Deutschen Bibliothek

Spitta, Gudrun:
Kinder schreiben eigene Texte: Klasse 1 und 2 : Lesen u.
Schreiben im Zusammenhang ; spontanes Schreiben ;
Schreibprojekte / Gudrun Spitta. —
Frankfurt am Main : Cornelsen Scriptor, 1988.
   (Lehrer-Bücherei: Grundschule)
   1. Aufl. im CVK Verl., Bielefeld
   ISBN 3-589-05009-8

1. Auflage 1983: Verlagsrechte bei Cornelsen-Velhagen & Klasing
Verlagsgesellschaft mbH, Bielefeld

© 1988 Cornelsen Verlag Scriptor GmbH & Co., Frankfurt am Main
Umschlagentwurf: Dietrich Kahnert, Berlin
Gesamtherstellung: Hans Kock   Buch- und Offsetdruck GmbH, Bielefeld
Vertrieb: Cornelsen Verlagsgesellschaft, Bielefeld
Printed in West-Germany
ISBN 3-589-05009-8
Bestellnummer 050098
7 6 5 4

INHALT

Vorwort
oder: Kinder schreiben ihre Fibel selbst

Kinder schreiben ihre Fibel selbst —
hieße das nicht, das Pferd beim Schwanz aufzäumen? Müssen Kinder nicht
erst Lesen lernen, bevor sie mit dem Schreiben anfangen können? Die richtige Reihenfolge war doch schon immer: erst lesen — dann schreiben.
Die richtige Reihenfolge?
Sicher gab und gibt es gewichtige Gründe für dieses Vorgehen. Aus der Er-
wachsenenperspektive gesehen, scheint das Lesen leichter zu sein als das
Schreiben. Historisch gesehen wurde diese Abfolge seit Jahrhunderten be-
vorzugt, seit Kindern „Lese- und Schreibtechnik" vermittelt werden.
Aber ist dieser Weg der einzig richtige oder besonders geeignete für Kinder,
sich die Schriftsprache anzueignen?
Schauen wir doch auf die Kinder selbst, wie sie es damit halten, wenn sie
sich unbeobachtet im Spiel an das Lesen und Schreiben heranwagen.
Wer Kinder bei solchen Aktivitäten begleitet, wird immer wieder überrascht
feststellen, daß diese Kinder von sich aus ganz anders vorgehen, als kluge
Erwachsene es sich gedacht oder für richtig befunden haben. Wenn Kinder
überhaupt eine Reihenfolge bevorzugen, dann diese: erst schreiben, dann
lesen![1] Sie bringen Spuren, Linien, Krakel, Bilder, Wellen, Buchstabenfrag-
mente, Buchstaben u.ä.m. zu Papier, um diese Produkte anschließend vorzulesen, sich vorlesen zu lassen, an Türen als „Verbote" zu hängen (Kein
Eintritt), an Freunde als Briefe zu verteilen oder auch um sie wieder zu vergessen.
Ihre Zugriffsweise ist viel umfassender als die der gängigen Erstlese- und
Erstschreibdidaktik. Kinder gehen situativ vor und nutzen beides, Schreiben und Lesen, von Anfang an so, wie es ihren kommunikativen Bedürfnissen entspricht, wobei häufig das Schreiben Ausgangspunkt ist und zum Lesen führt.
Ihre Art, sich der Schriftsprache zu bemächtigen, ist viel flexibler als unsere
Lese- und Schreibdidaktiken es vorsehen. Kinder setzen je nach kommuni-
kativem Bedürfnis und aktuellem Erkenntnisinteresse unterschiedliche
Schwerpunkte. Mal stehen Texte im Vordergrund, dann wieder Buchstaben
oder einzelne Wörter. Mal ist das Vorgelesen-Bekommen das Wichtigste,
dann wieder das Selber-Schreiben.
Darüberhinaus stellen Kinder Fragen: Fragen, die ganze Wörter betreffen,
einzelne Buchstaben meinen, sich auf die Abbildungsbeziehungen zwischen Lauten und Schriftzeichen beziehen, Fragen, die zeigen, wie Kinder
versuchen, ihre Vorstellungen vom Lesen und Schreiben zu ordnen und zu
vervollständigen.

---

[1] Vgl. dazu: Chomsky, Carol, Zuerst schreiben, später lesen, in: Lesenlernen: Theorie und Unterricht, Hofer, A.
(Hrsg.), Düsseldorf 1976

Nicht wenige Kinder lernen auf diese und ähnliche Weise Schreiben und Lesen vor der Schule.

Und was machen wir Lehrer, wenn die Kinder in die Schule kommen? Wir ignorieren diese „natürliche Art und Weise" der Kinder, sich der Schrift zu nähern. Wir zwängen sie in das Korsett des gradlinigen Fibeltrotts, um ihnen im Gleichschritt erst Lesen und dann Schreiben beizubringen.

Das muß nicht so sein!

Warum befreien wir den Unterricht nicht von einseitigen, einengenden Traditionen?

Warum setzen wir nicht an den Wegen an, die uns die Kinder in ihren Aktivitäten zeigen, und unterstützen sie mit unserem Wissen auf ihrer Reise in das Land der Schrift?

Dieses Buch will einen solchen Weg beschreiben, den wir gemeinsam mit den Kindern gegangen sind.[2] Es zeigt den Versuch, Kindern auch innerhalb des Schulunterrichts genügend Raum zu lassen, damit sie eigenständig, aktiv handelnd auf ihre Weise die Schrift entdecken.

In diesem Buch wird dokumentiert, wie Kinder über eigene — zunächst dem Lehrer/der Lehrerin diktierte, später selbst aufgeschriebene Texte — Schreib- und Lesefähigkeit im Zusammenhang erwerben und diese Fähigkeiten mit zunehmender Souveränität situativ (zum Beispiel in Briefen, in Büchern) zur Anwendung bringen.

Dabei waren für uns die „Verschriftungen" der Kinder, ihre „Privatorthographie", von besonderer Bedeutung. Andersschreibungen wurden von uns nicht als Fehler betrachtet, sondern als Fenster genutzt, durch die wir den Stand der Theoriebildung auf Seiten der Kinder wahrnehmen konnten, d.h., erfahren konnten, welche Vorstellung das einzelne Kind zu der Zeit über das Funktionieren der Schrift hatte. Die Analyse dieser „Privatschreibung" ermöglichte uns, individuelle Förder- und Anregungssituationen zu organisieren, die den Kindern den nächsten Schritt zur Annäherung ihrer Vorstellungen an die Regelmäßigkeiten der normierten Schreibweise erleichtern sollten.

Unsere Vorgehensweise war nicht darauf angelegt, die Arbeit mit einem Lehrgang dogmatisch zu verdammen. Der Stellenwert der Fibelarbeit war jedoch ein anderer, geringerer geworden. Die Arbeitsschritte und Hinweise im Lehrgang dienten uns eher als Orientierungshilfe, als roter Faden, um sicher zu gehen, daß wir bei dem Berücksichtigen der Kinderaktivitäten auch keine für die Schriftsprache wichtigen Phänomene vergessen hatten (Phonem-Graphem-Zuordnungen, Signalgruppen, Wortbausteine, Vor- und Nachsilben).

Dabei hatten Übungen eine wichtige Funktion.

Ohne Übung geht es auch beim entdeckenden Lernen nicht. Die Stellen jedoch, an denen Übungen einsetzten, sowie was und wie geübt wurde, wa-

---

[2] Ähnliche Versuche werden auch von Castrup, Dehn, Freinet, und Reichen beschrieben (siehe Literaturverzeichnis).

ren andere geworden. Übungsschwerpunkte kristallisierten sich heraus im Zusammenhang mit dem Erstellen und (Wieder-)Lesen der eigenen Texte der Kinder. Die Übungen griffen die eigenständigen sprachlichen Aktivitäten der Kinder auf. Die Kinder merkten sehr schnell, daß ihre eigenen Texte schneller und einfacher zu schreiben und lesen waren, wenn sie bereits über einen bestimmten Grund- bzw. Sichtwortschatz verfügten — eine Erfahrung, auf der unsere Übungen aufbauen konnten. Im Handlungsvollzug begriffen die Kinder ebenfalls sehr schnell die Notwendigkeit der sprachlichen Analyse- und Synthesefähigkeiten: was ich nicht akustisch analysieren kann, vermag ich beim Schreiben eines eigenen Textes auch nicht in Zeichen um- bzw. zu Wörtern zusammenzusetzen. Diesbezügliche Übungen fielen auf vorbereiteten Boden.

Der hier beschriebene Unterricht fand in zwei Grundschulklassen aus einem sozial belasteten Berliner Bezirk statt. Beide Klassen hatten einen Anteil von 50% Ausländerkindern, die mittleren und oberen Sozialschichten fehlten fast völlig, der Anteil sogenannter Problemkinder war überproportional hoch.

Trotzdem verlief der hier beschriebene Weg, die Erfahrungen der Kinder von Anfang an als eigene Texte zum zentralen Bestandteil des Unterrichts zu machen, außerordentlich erfolgreich.

Dabei schulde ich den vier Lehrern/Lehrerinnen, die sich zunächst mit Skepsis, im Laufe der Zeit mit Begeisterung auf diese Art Unterricht eingelassen hatten, großen Dank.

Formal ist das Buch in drei Teile gegliedert.

Die Kapitel eins bis fünf verdeutlichen anhand von Unterrichtsausschnitten und Schülerarbeiten die Prinzipien und Vorzüge der Arbeit mit den eigenen Texten der Kinder.

Das sechste, längste Kapitel beschreibt in seinen vier Unterpunkten längerfristige „Schreibprojekte", deren Verlauf ebenfalls anhand von Schülerarbeiten sowie Textanalysen dokumentiert wird. Diese Projekte lassen sich ohne weiteres auf das zweite Schuljahr übertragen, und bieten vor allem auch den Klassen, die im ersten Schuljahr eher fibelorientiert gearbeitet haben, einen Einstieg in eigenständiges schöpferisches Schreiben.

Das siebte Kapitel stellt den theoretischen Hintergrund, der in allen übrigen Kapiteln situativ berücksichtigt wurde, in einem systematischen Überblick dar.

Gudrun Spitta

Kritik am fibelorientierten Lesen — und Schreibenlernen — Fünf Thesen

1. Traditionelle Lese- und Schreiblehrgänge sind (egal ob analytisches, synthetisches oder integriertes Verfahren) so organisiert, daß Lesen- und Schreibenlernen in standardisierten Situationen, an standardisierten Sätzen oder Wörtern mit Hilfe von standardisierten Übungen stattfindet. Jedes Fibelwerk setzt dabei einen fiktiven normalen Schüler voraus, um den herum die Aufgaben gruppiert werden.

Dabei gibt es für die meisten Hersteller von Lese- und Schreiblernmaterialien für den Lernprozeß bestimmte Schritte, die in ihrer Abfolge unbedingt eingehalten werden müssen.

Fibelautoren gehen in der Regel davon aus, und dies vermitteln sie auch dem Lehrer, daß bei genauer Befolgung des methodisch vorgeschriebenen Weges, der Erfolg beim Lesen- und Schreibenlernen so gut wie garantiert ist.

Durch diese enge Bindung an ein relativ starres, in seiner Schrittfolge von vornherein minutiös festgelegtes methodisches Konzept, das den Kindern Lesen- und Schreibenlernen durch das additive Üben bestimmter Teilfertigkeiten vermitteln will, wird der Lese- und Schreiberstunterricht auf einen einseitigen Interaktionsprozeß reduziert. Die Kinder bekommen portionsweise Lernimpulse dargereicht, auf die sie reagieren müssen, ohne dabei den Zusammenhang zu erfahren, um den es eigentlich geht, nämlich um das Lesen und Schreiben in realer Funktion, also im Kommunikationszusammenhang.[1]

Traditionelle Lese- und Schreiblehrgänge erschweren es den Kindern zu entdecken, worum es beim Lesen und Schreiben eigentlich geht, wozu man es gebrauchen kann und wie es funktioniert.

2. Ein vorwiegend an der Fibel ausgerichteter Erstunterricht verhindert, daß das Kind einen persönlichen Zugang zum Lesen und Schreiben finden kann. Dem Kind wird es erschwert, am Lesen und Schreiben eine Seite zu entdecken, die für es selbst persönlich wichtig ist, mit der es in seinem außerschulischen Leben etwas anfangen kann.

Lesen- und Schreibenlernen mit der Fibel findet über weite Strecken hin vorwiegend als Entfremdungsprozeß statt: Lesen und Schreiben ist etwas, das einem von außen, von der Fibel, von der Lehrerin, von der Schule, auferlegt wird.

Es ist etwas, daß man eben machen muß, daß zur Schule dazu gehört, nicht aber zu einem selbst.

---

[1] Vergleiche die ausführliche Kritik am Konzept des traditionellen Lese- und Schreiblehrkonzeptes. In: Gudrun Spitta (Hrsg.): Legasthenie gibt es nicht . . . was nun? Kronberg 1977, S. 29 ff.

Es ist etwas, daß nichts zu tun hat mit dem eigenen Leben, mit dem Bedürfnis sich auszudrücken, mit dem Bedürfnis sich anderen mitzuteilen, mit dem Bedürfnis etwas Wichtiges zu erfahren oder mit dem Wunsch, etwas Wichtiges festzuhalten.

Lesen und Schreiben finden in einer Kunstwelt statt, gemacht aus künstlichen Sätzen über fiktive Fibelkinder, die sich über lange Strecken hin in mehr oder weniger künstlichen, banalen Situationen bewegen. Das, was die Kinder aus dieser Kunstwelt erfahren, ist nur selten wert, ins eigene Leben integriert zu werden.

3. Die traditionelle „Fibelmethode" verhindert, daß Kinder die Funktion und Struktur unserer Schrift für sich persönlich entdecken. Durch die von vornherein genau festgelegte Schrittfolge, durch das notwendige Absolvieren hierarchisch gegliederter Teilschritte, wird den Kindern wenig Freiraum dafür gewährt, daß sie selbst herausfinden können, daß und wie die Schrift unsere Sprache abbildet.
Wir wissen heute, aus einer Vielzahl von Untersuchungen und Beobachtungen, daß Kinder, wenn sie sich in einer sprachlich anregungsreichen Umgebung befinden, durch den aktiven Umgang mit Schriftmaterialien von sich aus zu einem Konzept über die Struktur unserer Schrift gelangen. Durch weiteres aktives Umgehen mit Schrift und Schriftmaterialien wird dieses Konzept im Laufe der Zeit immer stärker derjenigen Struktur angenähert, die unserem Schriftsystem zugrunde liegt. Ähnlich wie beim Sprechenlernen entdeckt auch hier das Kind im handelnden Umgang mit Schrift Regelmäßigkeiten, Strukturprinzipien und Schreibmuster, die es aktiv handelnd erprobt und je nach Reaktion der Umwelt beibehält oder verwirft.
Dieser Prozeß, in dem das Kind selbst die Struktur unserer Schrift entdeckt, verläuft in typischen Phasen. Aus Untersuchungen und Beobachtungen wissen wir, daß jedes Kind gewisse charakteristische Stadien durchläuft, in der es Schrift in ganz bestimmter Art und Weise gebraucht, bevor es sich unserem System, Schrift beim Lesen bzw. beim Schreiben zu gebrauchen, angenähert hat.[2]

Beim herkömmlichen Fibelunterricht jedoch wird jede eigene, nicht ins „vorgegebene System passende" Entdeckung der Kinder nur allzuleicht als Fehler, Umweg oder Unsinn abgewertet. Eigene Wege gehen ist im vorprogrammierten Gleichschritt des Fibelmarsches nicht vorgesehen!

4. Standardisierte Lese- und Schreibmaterialien können nur zu einem geringen Grad differenzierte Lernangebote machen.

---

[2] Vergleiche das letzte Kapitel in diesem Band, sowie die ausgezeichnete Darstellung von Hans Brügelmann: Kinder der auf dem Weg zur Schrift, Konstanz 1983

Käufliche Lese- und Schreiblehrgänge gehen zwangsläufig von einem bestimmten Punkt aus, an dem sie die Schüler abholen wollen. Sie gehen von bestimmten Voraussetzungen aus, die der Lernanfänger in die Schule mitbringen muß.

Jede Lehrerin, jeder Lehrer weiß, daß es eine Illusion ist, daß Kinder auch nur einigermaßen ähnliche Lese- bzw. Schreiblernvoraussetzungen in die Schule mitbringen.

Heute umfaßt die Bandbreite in einer ersten Klasse regelmäßig Kinder, die bereits lesen können, Kinder, die gerade erste Erfahrungen im Umgang mit Schrift gemacht haben, sowie Kinder, die überhaupt keine Vorerfahrungen in bezug auf Schrift mitbringen, bzw. solche, die eine andere Sprache sprechen (ausländische Kinder).

Standardisierte Lese- bzw. Schreiblernmaterialien können hierauf nur mit einigen wenigen Zusatzangeboten reagieren. Man geht davon aus, daß in einem vielleicht zweiwöchigen Vorkurs bzw. durch einige zusätzliche Übungen die größten Unterschiede ausgeglichen werden könnten.

Dabei kann man sich leicht vorstellen, daß die bei bestimmten Kindern fehlenden Vorerfahrungen nicht in einem Vorkurs von ca. zwei Wochen oder durch kompakte Zusatzmaterialien „nachgeholt" werden können.

Hier müssen über einen längeren Zeitraum hin grundsätzliche Erfahrungen im Umgang mit Schrift und Schriftmaterialien im Laufe des ersten Schuljahres gemacht werden können.

Dies kann ein gängiger Lese- bzw. Schreiblehrgang einfach nicht leisten. Die Schule jedoch muß es leisten, damit alle Kinder erfolgreich Lesen und Schreiben lernen können.

5. Traditionelle Lese- und Schreiblehrgänge gehen davon aus, daß für Lernanfänger das Schreiben im Sinne kommunikativer Handlungen eine Überforderung darstellt. Stattdessen versorgt man die Kinder zum Schreibenlernen lieber mit einer Vielzahl von Bogen für Abschreibübungen, damit sie den „grapho-motorischen Vollzug" beherrschen lernen.

Schreiben wird auf Abschreiben verkürzt.

Beim Schreiben geht es im 1. Schuljahr nicht um die Übermittlung von Botschaften, sondern um Schreibtechnik. Dabei haben Schreibtechnik und Abschreibübungen durchaus ihren Stellenwert innerhalb eines umfassenden Konzeptes zum Schreibenlernen. Durch die rigide Begrenzung auf das Nach- und Abschreiben wird den Kindern jedoch über ein Jahr lang eine lediglich imitative, ausschließlich auf Schönheit und Genauigkeit der Schrift ausgerichtete Vorstellung vom Schreibakt vermittelt. Rasch stellt sich dabei der überall beklagte Motivations- und Aufmerksamkeitsverlust ein, zumal auch Kinder ständiges mechanisches Abschreiben als überflüssige oder sinnlose Tätigkeit erleben.

Dabei wissen wir aus der Spracherwerbsforschung längst, daß Kinder im handelnden Umgang mit Schrift früh ihre kommunikative Funktion entdecken und durch Bild- und Kritzelbriefe zur Anwendung bringen.

Statt in dieser Richtung weiter zu arbeiten, verlagern die meisten Lehrgänge den sinnvollen Gebrauch von Schrift auf „später".

Zusammenfassend kann folgendes gesagt werden:

1. Vorwiegend fibelorientiertes Lesen- und Schreibenlernen verhindert durch das additive Einüben bestimmter isolierter Teilfertigkeiten, daß die Kinder den komplexen Vorgang des Lesens bzw. Schreibens als Prozeß erfahren bzw. durchschauen.
2. Lesen- bzw. Schreibenlernen als ein von außen gesteuertes, den Kindern entfremdetes Vorgehen verhindert, daß die Kinder die dabei gemachten Erfahrungen in ihre eigene Welt integrieren können.
3. Die enge Bindung an das vorgeschriebene methodische Konzept der Fibel bzw. des Schreiblehrganges verhindert, daß die Kinder sich aktiv am Prozeß des Entdeckens von Schrift, ihrer Struktur, ihrem Funktionieren sowie ihrer Bedeutung beteiligen können.
4. Traditionelle Fibeln bzw. Schreiblehrgänge bieten kaum Chancen, daß Kinder mit ungünstigen Lernvoraussetzungen fehlende Vorerfahrungen, die sich auf die Bedeutung und auf die Struktur unserer Schrift beziehen, nachholen können.
5. Durch die einseitige Betonung der technischen Seite des Schreibvorganges erfahren die Kinder anhand der Lehrgänge im Verlauf des ersten Schuljahres so gut wie nichts über die kommunikative Funktion des Schreibens. Durch die Beschränkung des Schreibens auf die täglichen Abschreibübungen wird ihnen ein völlig unzureichender Schreibbegriff vermittelt.

Was Schulanfänger vom Schreiben wissen — Unterrichtsvorbereitung

Jeder, der sich einmal selbst beim Sprechen bzw. beim Schreiben beobachtet hat, kann feststellen, daß er sich dabei ganz unterschiedlich verhält. Das Sprechen geschieht spontan, impulsiv, begleitet von Mimik und Gestik, verdeutlicht durch Tonfall und Lautstärke, abhängig von Nähe oder Abstand zum Angesprochenen, in jedem Fall aber immer in direkter Orientierung auf den Zuhörer hin.

Gewöhnlich überlegt man nicht sehr lange dabei, sondern drückt sich so aus, wie es einem gerade in den Sinn kommt, bzw. so, wie man es für die Situation und den Partner für angemessen hält.

Ganz anders beim Schreiben.

Da setzen wir uns meistens bewußt und oft mehr oder weniger umständlich hin, nehmen gezielt Stift und Papier zur Hand und überlegen, außer bei eiligen Notizen, recht lange und ausführlich, wie wir einen Gedanken wohl angemessen in bezug auf Inhalt und Adressat zu Papier bringen können. Häufig streichen wir zunächst Aufgeschriebenes wieder durch, überlegen noch einmal, ob es nicht noch eine treffendere Wendung gäbe, kauen auch mitunter am Stift.

Kurz gesagt: Wir machen uns recht ausführlich Gedanken darüber, wie wir unsere Absicht dem nichtanwesenden Partner möglichst überzeugend darlegen können.

Er soll uns ja auch ohne die zusätzlichen Ausdrucksmöglichkeiten der gesprochenen Sprache (Mimik, Tonfall, Gestik, Lautstärke . . .) genau verstehen.

Beim Schreiben handelt es sich also um eine viel bewußtere, genauer geplante, sorgfältiger abgewägte, in der Auseinandersetzung mit sich selbst entstehende Sprachhandlung.

Es ist das besondere Verdienst von L.S. WYGOTSKI, auf die grundlegenden Unterschiede zwischen Sprechsprache und Schriftsprache aufmerksam gemacht zu haben, und die ihnen zugrundeliegenden unterschiedlichen geistigen Tätigkeiten genau beschrieben zu haben.[1]

Schulanfänger unterscheiden sich nun grundlegend darin, welche Vorstellungen sie zu Hause bzw. im Kindergarten darüber erwerben konnten, worum es beim Lesen/Schreiben geht, bzw., was es mit dem Schreiben im Vergleich zum Sprechen Besonderes auf sich hat.

Kinder aus sprachlich orientierten Elternhäusern besitzen hierzu schon sehr präzise Vorstellungen: Sie haben bereits Karten an Großeltern geschrieben, häufig eigene Kritzelbriefe verfaßt, Kommentare zu ihren Bildern abgegeben, die sie versuchten, selber aufzuschreiben und ähnliches mehr.

---

[1] L.S. WYGOTSKI: Denken und Sprechen, Berlin 1972

Ihre Vorstellungen entstanden aus dem realen Umgang mit Schrift. Andere Kinder besitzen dagegen kaum oder auch gar keine Vorstellungen davon, worum es beim Schreiben geht und worauf es dabei ankommt. Sie haben wenig Erwachsene in ihrer Umgebung beim Schreiben erlebt. Sie kamen auch bisher nicht in die Situation, an Großeltern oder andere Verwandte Karten zu schreiben. Vielleicht haben sie lediglich erlebt, wie ihre älteren Geschwister beim Verfassen der Hausaufgaben stöhnten. Ihre Vorstellung vom Schreiben ist dann in der Hauptsache dadurch geprägt, daß diese Kinder etwas sehr Anstrengendes, sehr Mühsames auf sich zukommen sehen. Und dann sind da noch die ausländischen Schulanfänger mit ihren besonderen Sprachproblemen, die verunsichert durch den Wechsel von zum Beispiel der türkischen zur deutschen Sprache, von der türkischen zur deutschen Kultur besondere Probleme haben, sich vorzustellen, was es in der Schule mit dem Lesen- und Schreibenlernen auf sich hat.

Zusammenfassend kann man sagen, daß in einer Lernanfängerklasse die unterschiedlichen sprachlichen Vorerfahrungen der Kinder ungefähr einem Entwicklungsunterschied von drei Jahren entsprechen.

Dabei geht es neben den gravierenden Unterschieden in Aussprache, Lautunterscheidungsfähigkeit und der Fähigkeit, grafische Zeichen in ihren Einzelheiten zu unterscheiden, vor allem um erhebliche Unterschiede in der grundsätzlichen Vertrautheit im Umgang mit Schrift.

Die Schule muß sich auf diese teilweise extrem unterschiedlichen Vorerfahrungen der Kinder in bezug auf das Lesen- und Schreibenlernen einstellen. Sie soll vorhandene Vorerfahrungen festigen und ausbauen sowie gleichzeitig dafür sorgen, daß nicht gemachte Vorerfahrungen nachgeholt werden können.

Dies kann nur im Sinne eines qualitativen Nachholens von bisher nicht gemachten Erfahrungen gelingen, in der Bedeutung von „handelnd das über Sprache auch erfahren können", was andere Kinder längst in eine Vorstellung über Sprache/Schriftsprache integriert haben.

Aufgabe des Anfangsunterrichtes ist es daher, immer wieder solche Situationen zu schaffen, in denen Kinder in der Schule im sozialen Miteinander Sprache/Schriftsprache in realer Funktion erfahren können.

In unseren Klassen versuchten die Lehrer/-innen so früh wie möglich, sich darüber zu informieren, wie vertraut oder fremd der Umgang mit Schrift ihren Kindern war. Eine erste solche Möglichkeit, etwas darüber zu erfahren, welche Vorstellungen von Schrift Kinder von zu Hause her bereits mitbringen, liegt in dem an vielen Schulen bereits praktizierten Schulanfangsbriefen, die die jeweilige Lehrerin zu Beginn der Sommerferien an ihre zukünftigen Schulkinder verschicken kann.

Sie kann sich darin selbst den Kindern (z.B. durch Bild und Text) vorstellen und sie bitten, ihr vielleicht zum ersten Schultag einen *Brief* oder ein Bild über sich selbst mitzubringen, oder einige Fragen stellen.

Die unterschiedliche Art und Weise, in der die Fragen der Lehrerin beantwortet werden (Bild, Kritzelbrief, erste Worte, Elternantwort . . .), gibt der

Lehrerin erste Hinweise, um sich auf die Besonderheiten ihrer Kinder einzustellen.

Darüber hinaus helfen diese Briefe natürlich auch den Kindern, sich auf die Schule und ihre Lehrerin einzustellen, sowie beide vielleicht etwas weniger angsteinflößend zu erleben.

Susanne zum Beispiel will ihrer neuen Lehrerin unbedingt zeigen, daß sie schon „richtig schreiben" kann. Dabei bedeutet „richtig schreiben" für Susanne, Schreibschriftwörter produzieren zu können. Eigentlich benutzt sie nämlich für ihre spontanen Schreibversuche, wie für diese Phase üblich, große Druckbuchstaben; oben auf dem Zettel steht souverän notiert SUSANNE. In dieser Schreibweise hat sie Übung und kann ihren Namen so wie den ihrer Schwester schnell und zügig schreiben. Da Susanne zwei ältere Freunde hat, die beide im ersten Schuljahr von Beginn an Lesen/Schreiben in lateinischer Ausgangsschrift lernten, versucht sie, wichtige Familiennamen in dieser „Schulschrift" zu produzieren. Stolz zeigt sie ihren Brief und liest ihn vor.

Eine andere gute Möglichkeit, sich Informationen darüber zu verschaffen, welche Vorstellungen die Kinder von der Besonderheit der Schriftsprache bereits besitzen, liegt in der Aufgabenstellung, die Kinder bald nach Schulbeginn einmal einen „Kritzelbrief" an eine von ihnen ausgesuchte Person schreiben und vorlesen zu lassen.

Schon in der Art und Weise, wie die Kinder an diese Aufgabenstellung herangehen, werden große Unterschiede in der Vertrautheit des Umganges mit Schrift sichtbar. Einige Kinder werden sich sofort daran setzen, einen solchen Kritzelbrief zu verfassen. Andere wiederum werden einer solchen Aufgabe recht verunsichert, teilweise noch sehr orientierungslos und ohne jede Vorstellung gegenüberstehen. Manche fangen an, das Blatt von unten zu „beschriften", andere malen ein Bild und unterschreiben es mit ihrem Namen, wieder andere schreiben alle Wörter oder Buchstaben auf, die sie schon schreiben können . . .

Auch beim anschließenden „Vorlesen" der Briefe durch die Kinder (was die Kinder, die einen Brief verfaßt haben, sehr gerne tun) zeigen sich die unterschiedlichen Vorerfahrungen. Ein Teil der Kinder wird die Briefe so „vorlesen", daß sich ihre Sprache in Richtung auf Schriftsprache verändert. Sie werden deutlicher artikulieren und betonen. Wiederum andere Kinder werden große Schwierigkeiten haben, einen solchen Brief überhaupt „vorzulesen".

In jedem Fall stellt die Beobachtung der Kinder bei ersten Schreib- und Malaufgaben (eigener Name, Selbstbildnis) eine schnelle, wenn auch noch grobe Information zur Erfassung von Vorerfahrungen dar.

Schreiben- und Lesenlernen mit den eigenen Texten der Kinder — ein neuer Ansatz

Beim Lesen- und Schreibenlernen mit den eigenen Texten der Kinder handelt es sich um genau das, was die Wörter aussagen: Texte von den Kindern sind das Material, an dem zu einem ganz erheblichen Teil (neben der Arbeit mit Leselehrgängen, Lernspielen, Zeitungen und Kinderbüchern . . .) das Lesen und Schreiben entdeckt, ausprobiert und geübt wird. Es sind kurze Erzählungen (häufig nur ein bis zwei Sätze) über Erlebtes, Gedachtes, Geträumtes, Ersehntes, Texte zum Lachen, Texte zum Nachdenken, Texte, die traurig machen, Texte, die fordern, also Texte über alles das, was Kinder bewegt.

Rita zum Beispiel hat Probleme mit dem großen Bruder. Sie diktiert und schreibt:

> RITA
>
> Mein Bruder hat gesagt
> Wenn du nicht Fahrrad fährst
> haue ich dich.
> Dann bin ich auf meinen kopf
> gefallen.

In diesen wenigen Worten steckt eine ganze Kindertragödie, die nicht „draußen" bleiben muß, sondern mit in die Schule hineingenommen werden kann.

Derya erzählt von ihrer Sehnsucht nach erlebter Geborgenheit in der Türkei. „Ich habe in der Türkei einen Esel und eine Katze", und malt sich liebevoll unter der türkischen Sonne inmitten von Blumen, umgeben von Vögeln, Schmetterlingen, Käfern, mit türkischem Stirnschmuck und Ohrring. Eine Vielzahl von Herzen drückt ihre Sehnsucht aus. Hier in Kreuzberg wohnt sie im Hinterhaus, in einem Häusermeer ohne Tiere, Blumen, Bäume und Schmetterlinge.

Ich habe in der Türkei einen Esel und eine Katze.

Ertan, ebenfalls ein türkisches Kind in dieser Klasse, meldet stolz den Verlust seines ersten Zahnes:

„Ich habe heute beim Frühstück meinen ersten Zahn verloren." und schreibt so seinen ersten deutschen Satz.

Die Texte der Kinder werden je nach Gegebenheit als individuelle oder gemeinsame Lese- und Arbeitstexte benutzt.

Besonders als Buch werden sie in freien Arbeitsphasen, Spielsituationen oder nach getaner Arbeit immer wieder gern zur Hand genommen, gelesen, kommentiert und begutachtet.

Ramazan, ein türkischer Junge, hatte zum Beispiel im Dezember empört festgestellt:

„Warum haben wir keinen Ball hier?
Ich bringe einen China-Ball mit."

20

Warum haben wir
keinen Ball hier?
Ich bringe einen
China-Ball mit.

RAMAZAN

7.12.83

Noch heute am Ende des ersten Schuljahres fragt jedes Kind, das diesen
Text liest, verschmitzt:
„Na, Ramazan, wann kriegen wir denn den Ball?"
Der lacht dann und winkt ab . . . Er hat es sich nämlich inzwischen doch anders überlegt . . .
Wie kommt man im Unterricht zu diesen Texten der Kinder? Zunächst einmal, wie auch sonst üblich: durch Gespräche und Erzählungen der Kinder
im Morgenkreis. Bei uns allerdings erzählen und kommentieren die Kinder
ihre Erlebnisse nicht nur. Im Anschluß an das gemeinsame Gespräch diktiert zusätzlich jeweils ein Kind seine „Geschichte", damit sie an die Tafel
geschrieben und „vorgelesen" werden kann. Dieses Formulieren und Diktieren des eigenen Textes geschieht noch innerhalb der Kreisarbeit, unter
Anteilnahme und mit Formulierungsvorschlägen aller Kinder. Dadurch, daß
das Formulieren und Diktieren, später auch das Äußern von Vermutungen
über die Schreibweise der Wörter und eigene Schreibversuche „öffentlich"
im Kreis erfolgen, können alle Kinder am Entstehungsprozeß einer kurzen
Geschichte, eine Textes teilhaben. Dies bietet besonders sprachlich weniger geförderten Kindern eine gute Erfahrungsgrundlage für Sprachlernpro-
zesse.

Bei diesem Vorgehen wird innerhalb des Unterrichts eine Situation hergestellt, die „natürlichen Sprachlernsituationen", wie sie sich in Familien ergeben, sehr nahe kommt.

In sprachlich orientierten Elternhäusern erleben Kinder sehr häufig die Entstehung schriftlicher Mitteilungen, ziehen daraus Rückschlüsse und wenden die Erkenntnisse für sich in Spielsituationen an.

So sagt zum Beispiel die fünfjährige Tina zu ihrer Mutter: „Du, schreib mir mal auf, ‚Robin Hood raubt heute nicht.', damit alle Bescheid wissen, ich spiel heut nicht mit." Sie beobachtet ihre Mutter dabei, „liest" den Satz, während die Mutter schreibt, leise vor sich hin, obwohl sie natürlich noch nicht lesen kann. Anschließend zeigt sie die Mitteilung stolz ihren anderen, etwas älteren Mitspielern, die verständig nicken. Ihrem gleichaltrigen Freund „liest" sie ihre Botschaft mit vielsagender Mine vor.

Wieder bei der Mutter fragt sie: „Welches Wort is' denn nun „Robin Hood?" „Ach so, diese zwei", und liest noch einmal langsam auf jedes Wort zeigend vor sich hin: „Robin Hood raubt heute nicht."

Solchen und ähnlichen „natürlichen Sprachlernsituationen" ist das Diktieren der eigenen Texte nachempfunden. So wie die fünfjährige Tina diktiert, beobachtet, „liest", fragt und erneut „liest", diktieren, beobachten, fragen und „lesen" auch die Kinder im Gesprächskreis, ohne dabei schon jedes Wort tatsächlich erlesen zu können, oder auch nur alle benutzten Buchstaben zu kennen. Das ist auch nicht nötig. Vieles wird hier nebenbei — von allein — entdeckt und gelernt (siehe das nächste Kapitel).

Darüberhinaus schreibt jeweils das Kind, das seine „Geschichte" diktiert hat, den Text auf einen besonderen Bogen in Druckbuchstaben ab. Die übrigen Kinder können den Text ebenfalls abschreiben, müssen aber nicht. Fast immer gibt es jedoch Kinder, die gerade diese Geschichte von ihrer Freundin, ihrem Freund auch unbedingt schreiben wollen. Einige tippen ihren Text zusätzlich mit der Schreibmaschine und kleben dieses Produkt noch auf ihr Blatt.

Auf diese Weise entsteht das erste Klassenlesebuch:

Ein Buch über uns.

Nach dem „Buch über uns" schrieben die Kinder als nächstes Texte für ein Fotoalbum mit dem Titel: So arbeitet die Klasse 1 c.

Jedes Kind wurde dazu bei der Arbeit fotografiert (Schwarz-Weiß-Film, 27 DIN, Tageslichtfilm) und das Foto anschließend auf einen farbigen Bogen geklebt.

Während besonderer Phasen diktierte nun jedes Kind im Unterricht der Lehrerin seinen Text zum Foto, schrieb ihn dann von der Vorlage ab, tippte ihn eventuell noch einmal auf der Schreibmaschine und klebte den Text unter das Foto.

Ich schreibe gerne auf Papier.

Ich schreibe gerne auf Papier .

Ich arbeite mit Axel am Tisch.

ich ardr

ich   arbeite mit axel am Tisch.

Im Laufe des Schuljahres entstand auf diese Weise eine Vielzahl von Büchern, deren Texte die Welt der Kinder in die Schule hineinholten.
Anläßlich der Erzählung eines Mädchens über einen schrecklichen Traum wurde ein „*Traumbuch*" hergestellt, für das die Kinder Ängste und Wünsche niederschrieben. Diese Texte wurden von den Kindern mit der Freinet-Druckerei gesetzt und gedruckt.

Auch die Sachinteressen der Kinder fanden in den Büchern ihren Ausdruck. Nach einem sehr beeindruckenden Besuch im Planetarium wurden zum Beispiel liebevoll gestaltete Texte zu einem „*Sternbuch*" zusammengefaßt.

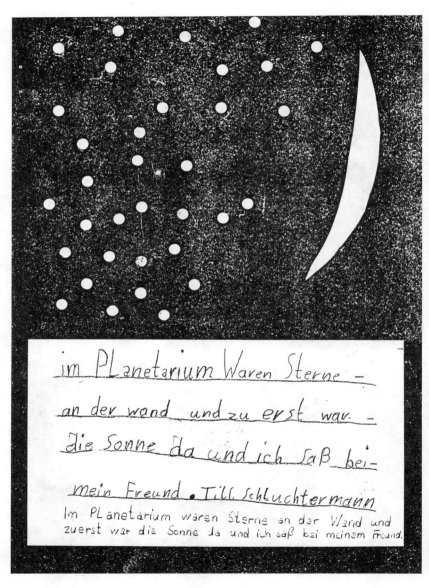

im PLanetarium Waren Sterne -
an der wand und zu erst war. -
die Sonne da und ich saß bei-
mein Freund . Till Schluchtermann

Im PLanetarium waren Sterne an der Wand und
zuerst war die Sonne da und ich saß bei meinem Freund.

Zu einer späteren Zeit im Schuljahr wurde das Diktieren und Nachschreiben der Texte abgelöst durch das selbständige Schreiben der Kinder (siehe dazu das Kapitel: „Unterrichtsprojekte").

Eigene Texte der Kinder fördern die Sprachentwicklung — Unterrichtsbeispiele

Neben der ungeheuer motivationsfördernden Wirkung, die davon ausgeht, daß die Kinder merken, wie sie selbst in ihrem Erleben, Fühlen und Denken auch in der Schule wichtig sind, stimuliert das Herstellen der Texte grundlegende Sprachentwicklungsprozesse.

Veränderung von Artikulation und Hörvermögen sowie Anbahnung von Rechtschreibfähigkeit

Für viele Kinder bietet die Arbeit mit freien Texten eine Art „natürliche Gelegenheit" mit ihrer Sprechsprache bewußt umzugehen.

Beim Diktieren des eigenen Textes sowie beim anschließenden gemeinsamen Vorlesen der entstandenen Sätze beobachtet man immer wieder, daß die Kinder plötzlich viel deutlicher artikulierten, als sie es vorher gewohnt waren. Dies trifft auch für Kinder zu, die aus sprachlich wenig anregendem Elternhaus kommen. Auch diese Kinder verändern unaufgefordert ihre Aussprache in Orientierung auf das Erstellen eines schriftlichen Textes.

Die bewußte Wahrnehmung und Steuerung der Artikulation setzen ziemlich bald nach den ersten Erfahrungen mit dem Diktieren von eigenen Texten ein, also zu einem Zeitpunkt, zu dem die Kinder erst wenige Buchstaben und entsprechend wenige Wörter tatsächlich erlesen können.

Die Kinder beobachten beim Schreiben die Lehrerin, wobei diese jeweils das Wort, das gerade geschrieben wird, deutlich mitartikuliert. Dadurch erfassen die Schüler intuitiv die Beziehungen zwischen deutlicher Aussprache eines Wortes und Abbildung der gehörten Laute in Schriftzeichen.

Unterstützt wird die Erfahrung der Bedeutsamkeit einer genauen Aussprache für die Buchstaben-Laut-Zuordnung zusätzlich dadurch, daß die Lehrerin die Kinder zwischendurch immer wieder an der Findung der Schreibweise beteiligt.

Dies geschieht zum Beispiel dadurch, daß sie ein Wort nur bis zur Hälfte schreibt, es den Kindern bis zu diesem Punkt vorliest, gemeinsam das Wort aussprechen läßt und danach fragt, welcher Laut als nächstes zu hören und somit zu schreiben sei.

Gerade dieses Beteiligen am Herausfinden der nächsten Buchstaben, dieses Äußern von Vermutungen über die Schreibweise eines Wortes, ist für die Entwicklung der Rechtschreibfähigkeit eine denkbar geeignete Vorübung. Hierbei erwerben die Kinder ein Gefühl und erste Vorstellungen dafür, wie unsere Schrift die gehörten Laute abbildet.

Bekannte Wörter sollten die Kinder in diesen Texten natürlich selber an die Tafel schreiben oder aber zumindest der Lehrerin buchstabenweise diktieren. Bei Wörtern, in denen die Kinder bereits Teile wieder erkennen können, bietet es sich an, daß sie der Lehrerin diese Teile diktieren. Bei anderen Wörtern kann man nach dem Anfangslaut fragen und Vermutungen über den Fortgang der Schreibweise äußern lassen. In jedem Fall sollten die Kinder aktiv mit Vorschlägen und Vermutungen an dem orthographischen Zustandekommen des Textes beteiligt werden.

In Axels Text: „*Wir waren auf dem Weihnachtsmarkt in Spandau*", der in der ersten Adventswoche entstand, nahmen etliche Kinder zum ersten Mal bewußt die Lautung des Wortes „Weihnachtsmarkt" wahr.

Bislang hatten sie mehr oberflächlich artikuliert: „Weihnachsmak". Die beiden „t's", in der Mitte und am Ende des Wortes, wurden von vielen Kindern mit Verwunderung zum ersten Mal bewußt gehört und mit Erstaunen zum ersten Mal bewußt gesprochen.

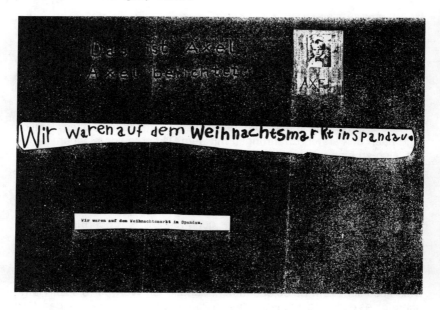

Natürlich waren die Kinder erpicht darauf, so wichtige Wörter wie „Weihnachtsmarkt" bzw. „Weihnachten" selbst schreiben zu können. Es bot sich daher an, bei diesem Text für alle Kinder Möglichkeiten bereitzustellen, das Wort Weihnachten bzw. Weihnachts- zu erfassen.

Es wurden „Weihnachtswörter" gesammelt:

Weihnachtsbaum, Weihnachtsmann, Weihnachtsengel, Weihnachtsstern . . . Diese weihnachtlichen Gegenstände wurden von den Kindern liebevoll gemalt und entweder von den Kindern selbst mit Hilfe der Lehrerin oder durch die Lehrerin mit dem entsprechenden Wort versehen.

Veränderung des Sprachstils

Findet Schreiben- und Lesenlernen zu einem erheblichen Teil an Wörtern und Sätzen statt, die die Kinder selbst diktiert haben, erfahren sie Schriftsprache als Möglichkeit, sich anderen mitzuteilen, von anderen zu erfahren, also als einen Prozeß, der mit ihnen und dem, was ihnen wichtig ist, zu tun hat.

Dabei geht es von Anfang an, auch wenn die Kinder bislang nur einzelne Wörter bzw. wenige Buchstaben tatsächlich lesen können, um die Arbeit an der Sprache, die Arbeit am Wort und um die Arbeit zur Erfassung der Buchstaben-Laut-Beziehung. In der gemeinsamen Formulierung von Texten durch die Kinder nach den Kreisgesprächen findet eine für dieses Alter unerhört intensive Auseinandersetzung mit der Sprache statt.

Am Beispiel von Toms erster diktierter „Geschichte" soll dies verdeutlicht werden.

Es handelt sich um ein Unterrichtsbeispiel aus dem vierten Schulbesuchsmonat. Die Kinder hatten bisher vorwiegend mit der Fibel gearbeitet, als Ergänzung bereits ihre Lieblingswörter der Lehrerin diktiert, diese selber nachgeschrieben, gedruckt, gestempelt und gemalt sowie erste Erfahrungen mit dem gemeinsamen Formulieren einfacher Texte nach Erzählungen der Kinder gemacht.

Es war Montagmorgen. Die Kinder saßen wie an jedem Wochenbeginn in einem Stuhlkreis zusammen, um sich gegenseitig wichtige Begebenheiten vom Wochenende zu erzählen.

Tom berichtet mit großer Aufregung davon, daß seiner Familie am Wochenende ein Hund zugelaufen sei, wobei für ihn das Schönste an dem Erlebnis war, daß er den Hund, nachdem sie den Besitzer ausfindig gemacht hatten, behalten durfte.

Die anderen Kinder verfolgten seine Erzählung mit großer Anteilnahme und mit neugierigen Zwischenfragen, da sie alles möglichst genau wissen wollten. Die Freude von Tom übertrug sich auf sie selber, es war, als hätte die Klasse einen Hund bekommen.

Die Lehrerin schlug daher auch vor, ob Tom seinen neuen Hund nicht einmal mit zur Schule mitbringen wolle. Die Kinder waren begeistert und wollten diese Begebenheit unbedingt für ihr Geschichtenbuch festhalten. Tom wurde daher aufgefordert, einen oder mehrere Sätze zu diktieren. Tom formulierte nun den für alle unerwarteten Satz: Tom bürstet gern seinen Hund. Nach erstaunten Zwischenfragen „Hast du denn deinen Hund schon einmal gebürstet?" bzw. „Hast du denn schon eine Hundebürste?", die von Tom alle bestätigt wurden, meldete sich Axel und stellte mit Entschiedenheit fest: „Ich finde, wir sollten unbedingt noch schreiben: Tom hat seinen Hund lieb."

Alle Kinder, auch Tom, stimmten diesem Vorschlag einhellig zu, weil er wohl das gemeinsame Gefühl der Kinder treffend widerspiegelte. Mit glän-

zenden Augen und voller Stolz diktierte Tom nun: „Ich habe meinen Hund
lieb." Und als Folgesatz „Tom bürstet seinen Hund."
Nun wurde ein kurzes Gespräch darüber geführt, ob man im zweiten Satz
nicht lieber „Ich bürste meinen Hund" hätte schreiben sollen, damit er besser zum ersten Teil passe. Die meisten Kinder fanden die analoge Formulierung ebenfalls als stimmiger. Tom bestand allerdings auf seiner Formulierung, so daß die unterschiedliche Satzkonstruktion von der Lehrerin ak-
zeptiert wurde, damit Tom weiterhin das Gefühl hatte, seinen Satz diktiert
zu haben.

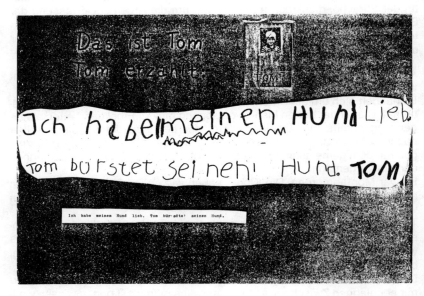

Das ist Tom
Tom erzählt.
Ich habe meinen Hund Lieb
Tom bürstet seinen Hund. TOM

Ich habe meinen Hund lieb. Tom bürstet seinen Hund.

Bemerkenswert ist, daß sich an dieser Stelle, also vier Monate nach Schulbeginn, alle Kinder im Gesprächskreis bereits zum ersten Mal Gedanken
darüber gemacht hatten, ob und wie zwei Sätze stilistisch schlüssig zuein-
ander paßten: Zu „Ich habe meinen Hund lieb", paßt eigentlich besser „Ich
bürste meinen Hund", waren ihre Worte. Sie machten sich ganz selbstverständlich Gedanken über die Berücksichtigung der Erzählerperspektive.
Dabei ist es zu diesem Zeitpunkt noch relativ bedeutungslos, daß Tom trotz
der Einwände auf seiner für ihn emotional wichtigen Formulierung „Tom
bürstet . . ." bestand.
Bedeutsam ist vielmehr, daß Kinder in diesem Alter, vier Monate nach
Schulbeginn, bereits in der Lage und auch fähig waren, sich Gedanken
über die Stimmigkeit eines Textes zu machen, diese Überlegungen in Worte zu fassen und anderen mitteilen zu können, und dies trotz unterschiedli-
cher Vorerfahrungen.

Wenn es um sie und ihre eigenen Texte geht, sind auch Schulanfänger entgegen allgemeinen Erwartungen in erstaunlichem Maße bereit und in der Lage, sich in einem umfassenden Sinn über Sprache Gedanken zu machen. Dabei kommen einerseits die spracherfahrenen Schüler stark zum Zuge, andererseits profitieren gerade auch die ungeübteren Kinder aus der Situation des gemeinsamen Formulierens.

Eigene Texte der Kinder aktivieren das Schreiben- und Lesenlernen — Unterrichtsbeispiele

Die folgenden Hinweise sind als Ideensammlung zu verstehen, die unserer Erfahrung entspricht. Die Vorschläge können allerdings nicht jederzeit, nicht alle auf einmal und auch nicht mit jedem Kind realisiert werden. Welche der beschriebenen Aktivitäten wann und wie im Vordergrund stehen werden, hängt von der Gesprächssituation ab, von der Art des Textes und natürlich vom Stand der Lese- und Schreibfähigkeit der einzelnen Kinder. Grundsätzlich gilt jedoch, daß mit zunehmender Lese- und Schreibfähigkeit immer mehr Aktivitäten bei der schriftlichen Fixierung der Texte an der Tafel von den Kindern selbst übernommen werden können.

Bei den einzelnen Aktivitäten stehen neben der prinzipiellen Förderung der Fähigkeit, eigene Gedanken schriftlich festzuhalten, je nach Situation unterschiedliche Teilaspekte dieser Fähigkeit innerhalb eines funktionalen Zusammenhanges besonders im Vordergrund. Hierauf wird bei den einzelnen Punkten gesondert verwiesen.

Schüleraktivitäten bei der Erstellung der Texte im Gesprächskreis

— Den erarbeiteten Satz bzw. Text von dem betreffenden Kind (von einzelnen Kindern, von der gesamten Gruppe) diktieren lassen, dabei besonders auf Artikulation und Erkennen von Wortgruppen achten. Das gemeinsame deutliche Sprechen zum Zwecke des Schreibens (die Lehrerin artikuliert dabei als Vorbild deutlich mit) ist von besonderer Wichtigkeit für die Festigung einer Vorstellung bei den Kindern davon, wie die gehörten Lautfolgen in Buchstabenfolgen abgebildet werden. Die einzelnen Wörter jeweils in einer anderen Farbe notieren. Das erleichtert den Kindern das Erkennen von Wortgrenzen bzw. die Bildung eines Wortbegriffes.
Variante: Nachdem der eigene Satz oder Text des Kindes feststeht, diesen Text so diktieren lassen, daß jedes Kind in der Gruppe ein Wort sagt. Ein solches Vorgehen unterstützt die funktionale Erfassung der Einheit „Wort" durch die Kinder bzw. ermöglicht es der Lehrerin, das Wortverständnis der Kinder zu überprüfen.

— Bekannte Wörter von den Kindern buchstabenweise diktieren oder auch selbst schreiben lassen (Grundwortschatztraining), bei neuen Wörtern häufig die vermutete Schreibweise diktieren lassen, „Treffer", d.h. richtige Vermutungnen bestätigen, abweichende Schreibvorschläge als Rückschlußmöglichkeit auf den Entwicklungsstand des Kindes über die Erfassung der Buchstaben-Laut-Beziehung auswerten (z.B. extrem lautgetreue Schreibweise, Auslassen bestimmter Konsonanten, Auslassen von Endungen . . .). Jede geäußerte, auch unzutreffende Vermutung grundsätzlich anerkennen.

— Nach ersten Erfahrungen mit dem Herstellen von eigenen Texten durch die Kinder im Gesprächskreis, die Umstellprobe und die Erweiterungsprobe als Techniken einführen, mit deren Hilfe man herausfinden kann, ob ein Satz, ein Text das Gemeinte so deutlich wiedergibt, wie es beabsichtigt war, oder aber, ob die Satzfolge schlüssig ist . . . Die Erarbeitung solcher Techniken zur Erstellung von Texten mit den Kindern bereits im ersten Schuljahr ist deswegen von so grundlegender Bedeutung, weil Kinder beim Entwerfen ihrer Texte häufig so verkürzt formulieren, daß nur derjenige ihre Sätze, ihren Text verstehen kann, der die Inhalte bereits kennt (kontextgebundene Sprache).

Das Umstellen der einzelnen Satzteile, das Suchen vieler ähnlicher Wörter für einen Begriff, das Ergänzen eines Textes durch genauer beschreibende Wörter ermöglicht es den Kindern, eine distanziertere Haltung zu ihrem eigenen Text einzunehmen, und sich eher in die Rolle des nicht wissenden Lesers zu versetzen.

Dabei hat sich für ein solches Vorgehen gerade die Arbeit im Gesprächskreis, in der Gruppe besonders bewährt, weil durch die Anteilnahme der anderen Kinder mehr Einfälle produziert werden, mehr Möglichkeiten entwickelt werden, den Text zu verändern und deshalb die Arbeit erfolgreicher ist und zusätzlich mehr Spaß macht.

Auch für sechsjährige Kinder ist es sehr wichtig, ob ich jemandem etwas „hole, mitbringe oder schenke". Die feinen inhaltlichen Unterschiede (ist „mitbringen" schon „geschenkt" oder nicht?) nehmen sie wahr, begründen ihre Meinung und entscheiden sich für das inhaltlich zutreffende Verb.

Arbeiten für einzelne Schüler bzw. für das Kind, das den Text selbst erstellt hat

— Abschreiben des Textes von der Tafel in Druckschrift auf ein besonderes Blatt für das Geschichtenbuch der Klasse (häufig wollen alle Kinder, zumindest aber einige einen solchen Text ebenfalls abschreiben). Dazu kann dann ein Bild gemalt oder ein Foto des Kindes eingeklebt werden.
— Übertragen des eigenen Textes auf die Schreibmaschine. Diese Version wird ebenfalls auf die Seite des Geschichtenbuches unter den handschriftlichen Text geklebt. Auch andere Kinder, die diesen Text nicht selbst verfaßt haben, legen häufig Wert darauf, ihn auch mit der Maschine abtippen zu dürfen. Solche Arbeiten werden von den Kindern nicht als sture routinemäßige Abschreibübung erlebt, sondern als wichtige Aufgabenstellungen, da die Ergebnisse im Geschichtenbuch der Klasse festgehalten bzw. „veröffentlicht" werden.

Dadurch, daß der Text dem Kind bekannt und persönlich wertvoll ist, fällt es weniger schnell in eine Haltung des mechanischen, sinnentleerten Abschreibens, sondern befindet sich beim Abtippen in einer intensiven Auseinandersetzung mit der eigenen Vorstellung von der Richtigkeit der Schreibweise durch den Vergleich mit der Vorlage.

— Übertragung des eigenen Textes nach Einführung der Schreibschrift in Schreibschrift. Das Ergebnis wird ebenfalls auf den Originalbogen für das Geschichtenbuch geklebt.

Bei solchen Übertragungen mit Hilfe anderer Schreibmaterialien bzw. in andere Schriftarten können die Texte durch die Kinder erneut verändert werden.

— Erstellen von besonderen Arbeitskarten für diejenigen Kinder, die den jeweiligen Text selbst entworfen haben.

Solche Arbeitskarten greifen Möglichkeiten auf, die das Wortmaterial bzw. die Satzstruktur eines Kindertextes in sich tragen. Sie enthalten individuelle Arbeitsaufträge für das betreffende Kind. Später können solche Aufgabenkarten natürlich auch von anderen Kindern bearbeitet werden.

Dazu legt man sich am besten einen Karteikasten an, in dem innerhalb einer alphabetischen Ordnung jeweils die Arbeitskarten und -hefte des Kindes aufbewahrt werden.

Zunächst kann auf einer solchen Arbeitskarte das Kind diejenigen Wörter unterstreichen, die es selbst schon sicher lesen kann. Vom Lehrer sind im Text bereits diejenigen Buchstaben/Wörter gekennzeichnet worden, um die es in der Übung geht. Anschließend bearbeitet es nach und nach die Aufträge, die (am Anfang des Schuljahres noch in einer Kombination aus Bild und Schrift) speziell auf seinen Text und seinen Stand im Lese- und Schreiblernprozeß hin entworfen wurden.

Auch bei diesen ganz individuellen Aufgabenstellungen sind dem betreffenden Kind nicht unbedingt alle Buchstaben und Wörter bekannt. Neue Buchstaben können beim Nachbarn, bei der Lehrerin/dem Lehrer erfragt, neue Wörter aus dem Kontext erschlossen werden. Häufig jedoch erscheinen den Kindern eigentlich neue Buchstaben und unbekannte Wörter durch die intensive Arbeit mit den vielen Texten bereits als bekannt oder vertraut.

Dieses individuelle Arbeiten am eigenen Text fand bei uns im Rahmen der Aufträge für die Wochenarbeiten statt, d.h. sie mußte im Laufe einer Woche innerhalb der sogenannten „Freien Arbeitsphasen" erledigt werden.

Nevims Geschichte:

Ich habe zu _Hause_ _ein_ Puzzle, mit dem ich gerne spiele.

Aufgaben:

① Male ein _Haus_ ins 🔲,
und schreibe ins Haus:

Das ist ein Haus.

② 🖊 5 mal ins Heft 🔲 :

ein
eine
mein

③ Für _Nevim_:

Lies im Buch Pinguin Pondus eine Seite. Dann komme zu Herrn Lumpe und hole dir einen Bonbon.

Stefan Potters Geschichte:

Am _Sonntag_ habe ich mit Lego gespielt. Ich habe _ein_ _Raumschiff_ gebaut.

Aufgaben:

① Lies und 🖊 ins 🔲 Heft:

Die 7 Wochentage:
  Sonntag
  Montag
  Dienstag
  Mittwoch
  Donnerstag
  Freitag
  Sonnabend

② Male ein _Raumschiff_ in dein Heft 🔲

③ 🖊 5 mal:

_ei_
ein
eine

Danach: hole einen Bonbon von Herrn Lumpe.

Arbeitsmöglichkeiten für alle Schüler

— Lesen in den Klassengeschichtenbüchern, Vorlesen aus den Klassengeschichtenbüchern.
— Erlesen halbbekannter Texte durch Neuzusammenstellungen der Kindertexte nach thematischen Schwerpunkten.
Dieses Verfahren hat den doppelten Vorteil, daß die Kinder sich beim Erlesen mit für sie real bedeutsamen Texten auseinandersetzen.
Darüber hinaus findet eine intensive Auseinandersetzung mit der Sinnerwartung statt. Dadurch, daß die Texte aus der Erinnerung her zwar
grob bekannt sind, aber bis auf den eigenen Text nicht auswendig ge-
konnt werden, spielt beim Erlesen der Aspekt der Sinnerwartung, Sinn-
konstruktion bzw. Sinnüberprüfung eine wichtige Rolle.

Solche Textzusammenstellungen könnten z.B. unter folgenden Ge-
sichtspunkten hergestellt werden:

Das finde ich schön.

Unser Laternenfest war so schön. David
Vom Nikolaus habe ich eine Uhr bekommen. Nico
Ich war auf dem Weihnachtsmarkt in Spandau. Axel
In der Türkei habe ich einen Esel. Nida

Das mache ich gern.

Ich war gestern auf dem Spielplatz und habe eine Burg gebaut.
Jessica
Ich gehe heute zu Ramon und gucke mir Otto auf Video an.
Stefan
Ich habe am Freitag einen Film mit Dick und Doof gesehen.
Kostas

Das mag ich nicht.

Ich habe vom Nikolaus eine Rute bekommen. David
Gestern war meine Mutter im Krankenhaus.
Sie ist an der Nase operiert worden. Ertan
Mein Bruder und ich konnten nicht schlafen.
Dann hat mein Vater uns geschlagen. Ersan

Unterrichtsprojekte, die das eigenständige Schreiben der Kinder herausfordern

1. Ein Gespenst geht um — oder der aufregende Briefwechsel mit einem Gespenst

Als eine besonders produktive Möglichkeit, Schreiben in realer Funktion zu erleben, erwies sich ein Briefwechsel mit einem Klassengespenst.

Das alles kam so:
Vor einiger Zeit hatten die Kinder im Unterricht kleine Gespenster aus Tempotaschentüchern gebastelt, damit gespielt und diese anschließend gemeinsam im Kellerraum unter der Klasse verstaut. Seitdem, seit die Gespensterchen im Keller lagen, geisterten sie immer wieder in den Köpfen der Kinder herum. Die Vorstellung, daß dort unten im Keller vielleicht doch richtige Gespenster sein könnten, obwohl man ja wisse, daß es in Wirklichkeit keine Gespenster gäbe, bereitete den Kindern ein „unheimliches" Vergnügen.

Eines Tages nun griffen die Lehrer dieser ersten Klasse das Spiel auf: Ein Gespensterbrief wurde vorbereitet. Auf Pergamentpapier wurde sorgfältig jedes Wort in einer anderen Farbe in Druckbuchstaben geschrieben und die Zwischenräume mit Klecksen von verschiedenfarbigen Kerzen verziert. Die Schulsekretärin wurde als Gehilfin gewonnen.

Die Aufregung war riesengroß, als eines Vormittags aus dem Schulsekretariat die Nachricht kam, für die Kinder der ersten Klasse sei ein Brief angekommen.

Zwei Kinder eilten ins Büro und kamen triumphierend mit einem Brief zurück. Sie erlasen aufgeregt die Schriftzüge auf dem Umschlag:

> *An die Kinder der Eingangsstufe*
> *Absender: Das freundliche Gespenst*

Inzwischen herrschte atemlose Stille in der Klasse. Mit vor Spannung zitternden Händen öffnete ein Kind den Brief, um ihn den anderen vorzulesen. „Nun geht doch mal ein Stück zur Seite, ich kann ja gar nichts lesen, wenn ihr alle so dicht bei mir steht!" sagte Axel. Alle Kinder wollten natürlich das Schreiben so genau wie möglich angucken. Mit fast tonloser Stimme las Axel vor:

> *Liebe Kinder in der Eingangsstufe!*
>
> *Ich bin ein freundliches Gespenst.*
> *Mein Name ist HI HA HO HU.*
> *Ich kann nicht sprechen.*
> *Ich kann Musik machen.*
> *Ich kann schreiben.*
> *Ich esse gern Kaugummi.*
> *Liebe Kinder, könntet Ihr mir einmal*
> *schreiben?*
> *Euer freundliches Gespenst*
> *HI HA HO HU*

Natürlich wollten die Kinder dem Gespenst schreiben; und zwar auf der Stelle.

Gelegentlich kamen Gedanken auf wie: „Eigentlich gibt es doch gar keine Gespenster", die aber im Eifer des Vorgehens sofort wieder beiseite geschoben wurden. Außerdem hatten solche Überlegungen etwas Tröstliches an sich: Wenn einem die Sache doch zu unheimlich wurde, konnte man sich mit dem Wirklichkeitsbezug darüber hinweghelfen.

Zwei Kinder hatten sich sofort auf ihre Plätze zurückgezogen und waren schon mittendrin beim Entwerfen einer Antwort an das Gespenst. Die anderen Kinder setzten sich im Halbkreis zusammen, um gemeinsam mit dem Lehrer ein Antwortschreiben zu formulieren.

Auf diese Weise kamen zwei unterschiedliche, sehr liebevolle Briefe zustande. Der gemeinsam verfaßte Brief lautete:

> *Liebes Gespenst!*
>
> *Wir können Dir ja ein paar Kaugummis*
> *schenken. Komm uns mal besuchen.*
> *Stefan, Kostas, Jessica . . .*

Tom und Axel hatten sich folgendes Schreiben überlegt:

An das freundliche Gespenst!

Wir haben Dich lieb.

Axel, Tom

Mit großem Eifer schrieben die Kinder ihren Brief ab und schmückten ihn mit Bildern, die ihrer Vorstellung von einem Gespenst entsprachen.
Einige Kinder erklärten sich bereit, am nächsten Tag Kaugummis mit in die Schule zu bringen. Die sollten zusammen mit den Briefen der Kinder in einen großen Umschlag gesteckt werden, den die Kinder gut sichtbar in den Keller legen wollten. Ihrer Meinung nach würde das Gespenst die Briefe dort am ehesten finden.
So wurde es gemacht.
Die Spannung war riesengroß.
Am nächsten Morgen stürmten die Kinder sofort in den Keller, um nachzusehen, ob sich etwas getan hätte. Und tatsächlich, die Briefe waren weg!
Die Spannung stieg weiter.
Was würde nun passieren? Einige Kinder konnten es vor kribbelnder Aufregung und lustvoller Angst kaum aushalten.
Von nun an gab es für alle Kinder jeden Morgen erst einmal nur eines: ab in den Keller gestürmt und nachgeschaut, ob das Gespenst vielleicht geantwortet hätte. So vergingen drei Tage, in denen das Gespenst nichts von sich hören ließ.
Dann war es endlich so weit. Am vierten Schulmorgen lag ein Brief im Keller. Triumphierend, auch etwas ängstlich und besorgt darüber, was sie wohl jetzt erwarten würde, trugen die Kinder ihren Schatz in den Klassenraum. Hastig wurde der Brief aufgerissen und von zwei Kindern für alle vorgelesen.

Liebe Kinder!
über Euren Brief mit den Kaugummis habe ich mich sehr gefreut.
Ich habe auch eine Überraschung für Euch.
In diesem Brief findet Ihr zwei Pläne.
Mit dem einen könnt Ihr eine Schatztruhe finden,
mit dem anderen den Schlüssel dazu.
Viel Erfolg!

Euer freundliches Gespenst   *HI HA HO HU*

In diesem Brief waren zwar viele Buchstaben und Wörter benutzt worden, die die Kinder eigentlich noch gar nicht kannten, die sie aber durch ihre Erfahrung im Umgang mit ihren eigenen Texten gemeinsam gut entschlüsseln konnten.

Die Motivation, den Gespensterbrief unbedingt lesen zu können, beflügelte sie zu Höchstleistungen.

Im Gespensterbrief waren tatsächlich zwei Stapel Pläne verstaut gewesen. Nachdem beide Pläne im Kreis gedeutet waren, so daß jedes Kind wußte, wo es entweder den Schlüssel oder die Schatztruhe suchen mußte, teilte sich die Klasse in zwei Gruppen, um an die „Arbeit" zu gehen.

Die „Schatzsucher" waren sehr schnell erfolgreich und kamen freudestrahlend in die Klasse zurückgestürmt. Beides, Truhe und Schlüssel, waren gefunden. Vor dem Öffnen wurde die Schatztruhe erst einmal von jedem Kind gebührend gewürdigt: Sie wurde in die Hände genommen, befühlt, geschüttelt, abgewogen und begutachtet.

Es war im übrigen eine kleine Truhe aus Holz, mit Nägeln zusammengezimmert, wie die Klasse sie später selbst einmal nach Plan bauen sollte.

Jetzt kam der spannende Moment!

Ein Mädchen öffnete die Schatztruhe— und heraus fielen eine Menge schöner, kleiner Muscheln, ein Teil von einem Metalluhrenarmband und zwei Packungen Smarties.

Das Oh und Ah der Kinder war groß.

Sie waren mit ihrem Fund sehr zufrieden. Jedes Kind konnte sich eine Muschel aussuchen, bekam einen Smartie und befühlte das elastische Uhrenarmbandteil.

Das Metallband, so beschlossen die Kinder, sollte als Schmuckstück in das „Klassenmuseum" aufgenommen werden.

(Das Klassenmuseum war eine Ausstellung besonders schöner Fundstücke der Kinder, wie z.B. Steine, Wurzeln oder Muscheln.) Die Smarties wurden natürlich sofort verzehrt, die Muscheln wollten die Kinder für sich behalten.

Allgemeine Zufriedenheit und Gelöstheit breitete sich aus.

Diese Stimmung hielt allerdings nicht sehr lange an. Jetzt, da das Gespenst ihnen geantwortet hatte, wollten die Kinder mehr. Sie wollten ein Gespenst „zum Sehen und Anfassen".

Die Vorstellung, daß ihr Gespenst vielleicht zu ihnen in die Klasse kommen könnte, faszinierte die Kinder. Ein freundliches Gespenst, so meinten sie, würde sie sicher einmal in der Klasse besuchen.

Die Idee war da, der Beschluß schnell gefaßt: Das Gespenst sollte in die Klasse eingeladen werden.

Gemeinsam wurde an der Formulierung eines Einladungsbriefes an das Klassengespenst gearbeitet.

Dabei rauchten den Kindern die Köpfe.

Es ging ja darum, diesmal ganz genau zu beschreiben, was sie vom Gespenst wollten, nämlich, ein für Gespenster untypisches Verhalten: Ein Besuch am Tage.

Nach eingehender Diskussion darüber, daß man einem freundlichen Gespenst solch einen Schritt schon zutrauen könne, wurde eine entsprechende Formulierung gefunden und dem Gespenst dafür eine Belohnung in Aussicht gestellt.

Liebes Gespenst!

Wir danken Dir für die Schatztruhe.
Komm uns bitte mal tagsüber besuchen.
Dann schenken wir Dir Kaugummis.

Arne

Jedes Kind schrieb seinen Brief an das Gespenst von der Tafel ab; die Ergebnisse wurden wie vorher in einem Sammelumschlag verstaut und im Keller deponiert.

Wieder begann das große Warten.

Inzwischen hatten sich die gemeinsam in der Klasse unterrichtenden Lehrer überlegt, daß es nun wohl angebracht sei, den Kindern eine Möglichkeit

42

zu geben, herauszufinden, daß das Gespenst ein ihnen bekannter Erwachsener sei. Es wurde als sinnvoll angesehen, daß diejenigen Kinder, die an der sachlichen Aufklärung interessiert waren, ihr Interesse befriedigen können müßten.
Den übrigen Kindern sollte dabei jedoch nicht die Möglichkeit geraubt werden, an ihrer Gespenstervorstellung noch ein wenig festhalten zu können.
Es wurde daher beschlossen, daß das Gespenst an die Kinder einen „Abschiedsbrief" schreiben würde. Darin sollte unter anderem stehen, daß die Kinder ihr Gespenst zum Trost aus einer gewissen, das Gespenst schützenden Entfernung, sehen und hören könnten.
Ein entsprechender Brief wurde im Keller deponiert.

Liebe Kinder!
Ich bedanke mich für Eure Briefe und die Kaugummis.
Ich kaue sie den ganzen Tag.
Dieses ist mein letzter Brief,
denn ich will bald verreisen.
Wenn Ihr heute um kurz nach neun Uhr leise seid,
könnt Ihr mich noch hören und sehen.

Eurer freundliches Gespenst   *HI HA HO HU*

Großer Jubel brach aus, als die Kinder eines Morgens beim routinemäßigen Gang durch den Keller den dicken Antwortbrief des Gespenstes entdeckten. Die Aufregung steigerte sich noch weiter dadurch, daß dieses Mal jedes Kind einen Brief bekommen hatte.
In Partnerarbeit, sowie mit Unterstützung durch die Lehrerin, versuchten die Kinder das Schreiben zu entziffern. Durch die große Motivation der Kinder, den Inhalt herauszubekommen, entstanden erneut kaum Leseprobleme.
Nach und nach verstummte das „Lesemurmeln" der Kinder. Es wurde noch die Uhrzeit erfragt — gerade neun Uhr —. Danach herrschte nur noch erwartungsvolle Stille.
Inzwischen hatte sich eine befreundete Kollegin ein Bettlaken mit zwei Augenlöchern übergestülpt und darunter eine Kindertrompete versteckt.
In diesem Aufzug, laute Trompetentöne von sich gebend, zog sie kurz nach neun Uhr an der Fensterseite des Klassenzimmers vorbei.
Die Kinder jubelten und strahlten vor Aufregung und Freude. Am liebsten hätten sie sich aus den Fenstern gestürzt, um das Gespenst zu erhaschen . . .
Bis die Kinder durch den normalen Ausgang auf den Schulhof gelangt waren, hatte das Gespenst genügend Zeit gehabt, sich innerhalb des Schulgebäudes in Sicherheit zu bringen. Es wurde nicht gefangen, es wurde nicht entdeckt. Gesehen und gehört hatten es allerdings alle Kinder.

Wie vermutet, teilte sich die Klasse daraufhin in zwei Hälften:
Die einen behaupteten steif und fest, daß Frau S. das Gespenst gewesen sei, sie hätten dies an den Schuhen gesehen. Das wäre sowieso klar. Sie seien sich absolut sicher.
Die andere Kindergruppe ließ sich ihre Vorstellung vom Gespenst nicht nehmen. Sie widerlegten mit gleichem Eifer jedes „Entdeckerargument" und setzten sich anschließend unbeirrt in kleinen Grüppchen zusammen, um ihrem Gespenst einen noch deutlicheren Brief zu schreiben. Sie argumentierten nämlich, daß sie noch klarer hätten formulieren müssen:
Der Satz im Brief, so meinten sie, hätte heißen müssen: Komm uns mal tagsüber *im Klassenraum* besuchen. Dann wäre das Gespenst bestimmt zu ihnen in die Klasse gekommen.
Die Gespensteraktion hatte damit einen neuen Charakter bekommen:
Ein Teil der Klasse ging nun den normalen Aufgaben in der Schule nach, sie arbeiteten an ihren Wochenaufträgen. Die anderen Kinder hatten sich in einer gegenüberliegenden Ecke des Klassenraumes zusammengesetzt und waren schon beim Entwerfen ihrer Briefe. Das Besondere daran war, daß sich nicht nur sogenannte gute Kinder an das Verfassen eines Briefes gemacht hatten, sondern die Motivation auch sprachlich noch sehr ungeübte Kinder dazu gebracht hatte, selbständig einen Brief zu verfassen.
Dabei stellte sich heraus, daß gerade diese Kinder inzwischen durch das häufige Arbeiten mit eigenen Texten so vertraut mit Schriftmaterialien waren, daß sie ihre Pfiffigkeit aus dem Alltagsleben jetzt auch in der vorher für sie befremdlichen Sprachwelt anwenden konnten. Bei diesen Kindern hieß es nicht: Ich kann das nicht schreiben, oder wie schreibt man das, oder gar, hilf mir mal! Bei diesen Kindern lautete die Devise stattdessen, ohne daß ihnen irgend jemand dazu geraten hätte, „ich hole mir mal den Gespensterbrief, da kann ich nachgucken, wie ‚liebes Gespenst' geschrieben wird", bzw. „Laß mich mal nachgucken, wo steht denn da ‚sehen'?" Kurz gesagt, diese Kinder hatten für sich einen Weg entdeckt, wie auch sie alleine und erfolgreich einen Brief an das Gespenst schreiben konnten.
Marco z.B., der seinen ersten eigenen Text nur mit großer Hilfe der anderen Kinder mühsam der Lehrerin zum Aufschreiben diktiert hatte, schrieb ohne Probleme jetzt, vier Wochen danach, seinen ersten eigenen Brief.

> *Liebes Gespenst*
>
> *Wir woln Dich sehen.*
> *Om 10 Uhr im Klassenraum.*
>
> *Marco*

Da Marco 10.00 Uhr nicht schreiben konnte und ihm das Wort Klassenraum auch zu schwer erschien, hatte er eine Idee, wie er sich helfen könne. Er malte eine Uhr, auf der es gerade 10.00 Uhr war bzw. daneben einen Klassenraum. Das Gespenst würde das schon verstehen.

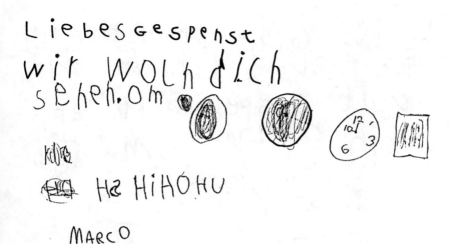

Tom, der sonst immer im Schatten von Axel mehr oder weniger „mitgear-
beitet hatte", das heißt, Axels Texte übernommen hatte, schrieb diesmal
ebenfalls seinen ersten eigenständigen Brief.

> *Liebes Gespenst*
> *Ich will Dich mal sehen und wir woll Gespensterkuchen.*
> *Dein Freund Tom*

Das Wort „Gespensterkuchen" hatte Tom erfragt, die übrigen Wörter aus
dem Gespensterbrief abgeleitet; dabei war es völlig unerheblich, daß er in
der Aufregung das Wort „wollen" nur unvollständig „woll" buchstabiert
bzw. die Wörter „Dein" und „Freund" kleingeschrieben, sowie bei dem
Wort „Dich" noch eine Unsicherheit in der Schreibweise des CH's hatte.
Solche Kleinigkeiten in der Annäherung an unsere Normschreibweise wird
Tom ohne Probleme in der nächsten Zeit lernen.
Im Vergleich zu der enorm selbständigen, kreativen sprachlichen Leistung,
die Tom mit diesem Brief vollbrachte, wiegen solche Fehler nicht schwer.

Auch Sandra schrieb bei dieser Gelegenheit ganz allein ihren ersten eigenen Brief und half sich dabei ebenfalls durch den Vergleich mit dem Schreiben des Gespenstes. Auch ihre Orthographie ist dadurch schon in weitem Maße unserer Normschreibweise angenähert. Sandra war sogar in der Lage, beim Durchlesen ihres Textes grammatische Unstimmigkeiten zu erkennen und zu verbessern.

> *Wir wollen Dich in unser Klase sehen.*
> *Liebes Gespenst HiHaHoHu*
> *von Sandra*

Das Wort „Klasse" hat Sandra lautgetreu geschrieben, die S-Lautverdopplung konnte man nicht hören. Das Wort „unserer" war für sie zu schwer, sie entschied sich daher für die Annäherung „unser". Auch diese beiden Abweichungen von der Normschreibweise sind unerheblich im Vergleich zu der enormen sprachlichen Leistung von Sandra fünf Monate nach Schulbeginn.

wir WOLLen Dich in unser
Klasen gehen. Liebes Gespenst
Ha Hi HO HV von SANDRA

Auch Fazli z.B., ein türkischer Junge, der noch erhebliche Schwierigkeiten
mit dem Deutschen hat und daher noch nicht in der Lage ist, selbständig
etwas aufzuschreiben, wußte sich zu helfen.
Er setzte sich neben Axel, einem sprachlich geförderten Jungen. Wie ein
Luchs paßte er auf, wenn Axel schrieb, und tat dann das Gleiche — er
schrieb den Text von Axel fehlerfrei ab. Er konnte aus seinem Brief zwar nur
einige Wörter tatsächlich vorlesen, war aber in der Lage, den Inhalt in seinen Worten wiederzugeben und war stolz wie ein Schneekönig, auch einen
Brief an das Gespenst abschicken zu können.
Für Fazli war das in diesem Moment die angemessene sprachliche Leistung. Daß er dabei nicht nur mechanisch abgeschrieben hatte, wurde
nicht nur aus seiner Begeisterung, sondern auch dadurch deutlich, daß er
seinen Brief nicht in Abschreibhaltung mit „von Axel" unterschrieb, sondern selbstverständlich mit „von Fazli" unterzeichnete.

> *Wir wollen Dich in unserem Klassenraum sehen.*
> *An das liebe Gespenst.*
>
> *von Fazli*

wir wollen Dich in unserem
Klasenraum sehen.
dh das LiebeGespenst.
von FAZLI

Diese Auswahl aus den Briefen, die die Kinder fünf Monate nach Schulbeginn selbständig verfaßt und eigenständig aufgeschrieben haben, zeigt, zu
welch sprachlichen Leistungen selbst familiär sprachlich wenig geförderte
Kinder in der Lage sind, wenn der Unterricht ihre Bedürfnisse, ihr Neugier-
und Entdeckerverhalten ernst nimmt, statt Lesen- und Schreibenlernen auf
Abschreiben und Vorlesen zu reduzieren.

2. Der Schritt ins Ungewisse — oder:
   Versucht doch mal, eure Geschichten selbst aufzuschreiben

Mit dem selbständigen Verfassen und Schreiben der Gespensterbriefe war
für einen großen Teil der Kinder dieser ersten Klasse der große Sprung
nach vorn vollzogen: Sie hatten ihre Scheu, ihre Ängste, ihre Unsicherheiten, etwas ganz allein aufzuschreiben, aus der Situation heraus überwunden.
In der anderen ersten Klasse mußte dieses „Mutfassen zum selbständigen
Schreiben", dieses Überwinden der Einstellung „Das kann ich nicht!" oder
„Das kann ich noch nicht!" erst noch stattfinden.
Dabei ist dieser Schritt ins Ungewisse, dieser Akt des probierenden Schreibens im Sinne von „Verschriften", d.h. Schreibweisen erfinden und erpro-
ben, eine notwendige und ungeheuer wichtige Station auf dem Weg zur
Schrift.

Nur dabei kann das Kind selbst aktiv experimentierend die von ihm bis dahin entdeckten/erfundenen Verschriftungsregeln anwenden und überprüfen. Erst durch das Eingehen der Anstrengung bzw. das Eingehen des Risikos, gedachte Wörter/Sätze in schreibbare Lautfolgen umzusetzen, kann im Vergleich mit der Schreibweise der Erwachsenen der Prozeß des Bestätigens oder des Verwerfens bzw. Abwandelns der eigenen Verschriftungsvorstellungen erfolgen.

Erst der beim Schreiben gemachte Fehler, nicht der Verzicht auf das selbständige Schreiben zugunsten des Abschreibens, ermöglicht individuelle Auseinandersetzung mit dem Gegenstand Schriftsprache, d.h. Korrektur und damit Fortschritt im Lernprozeß. Fehlermachen ist in diesem Sinne notwendiger Bestandteil von Lernprozessen; das Fehlermachen selbst bekommt hier einen lernfördernden, statt lernstörenden Charakter.

Erst wenn z.b. Ramona im Vergleich mit dem von der Lehrerin neben ihren Text geschriebenen Satz sieht, daß diese das Wort „hatte" nicht wie sie als „ht" notiert, sondern „hatte" schreibt, kann Ramona diese Tatsache in ihre Vorstellungen über Schreiben integrieren und daraus für weitere Schreibversuche ihre Schlußfolgerungen ziehen.

Grundsätzlich müssen also alle Kinder einer ersten Klasse im Verlauf des Schuljahres an den Punkt kommen, daß sie den Mut finden, sich auf das „Abenteuer der selbständigen Verschriftung von Wörtern" einzulassen.

Häufig ergeben sich solche produktiven Momente im Unterricht aus der Situation heraus von allein, wie bei der Gespensterbriefaktion; häufig aber auch nicht.

Dann muß die Lehrerin/der Lehrer eine solche stimulierende oder provozierende Situation herstellen.

So war es auch in der anderen ersten Klasse.

Hier hatten die Kinder bislang ihrer Lehrerin die Texte diktiert und danach abgeschrieben, nachgestempelt oder mit der Freinet-Druckerei gesetzt. Die „Wende" erfolgte Anfang Februar, anläßlich eines Wandertages, bei dem es der größte Wunsch der Kinder war, ihre Lehrerin einmal zu Hause besuchen zu können. Nach einiger Bedenkzeit entwarf die Lehrerin für ihre Klasse eine Art Einladungsbrief, der als Lesetext an jedes Kind ausgeteilt wurde.

Liebe Kinder!

Bald ist Wandertag.
Kommt Ihr mich zu Hause besuchen?

Eure
D. Untermann

Natürlich wollten alle!

Die Eltern konnten dem Einladungsschreiben zusätzlich entnehmen, wann und wo sich ihre Kinder mit dem entsprechenden Fahrgeld versehen, treffen würden.

Für alle Kinder war dieser „Wandertag", d.h. bei ihrer Lehrerin zu frühstücken und gemeinsam zu spielen, zu einem ganz besonderen Erlebnis geworden. Wieder in der Schule, also am nächsten Tag, wollten Sie unbedingt noch einmal darüber reden, zumal ein Kind nicht hatte mitkommen können. Dieses Bedürfnis, sich über den außergewöhnlichen Ausflug noch einmal auszutauschen, griff die Lehrerin auf, schlug aber vor, statt im Gesprächskreis davon zu berichten, alles das, was jeder erzählen wollte, auf einem Bogen aufzuschreiben.

Die Reaktion auf diesen Vorschlag war sehr gemischt: Einerseits herrschte helle Begeisterung. „Au ja, wir machen ein Buch über unseren Ausflug." Andererseits kamen große Bedenken auf. „Ich kann das doch noch nicht." „Ich sag es dir lieber, du schreibst es auf." Die meisten Kinder waren zwischen diesen beiden Gefühlen hin- und hergerissen. Nach einigen ermutigenden bzw. entlastenden Hinweisen, wie:

„Wenn du nicht weiter weißt, kannst du dich melden und fragen" bzw. „Wenn du dich gar nicht traust, dann mal' doch erst einmal ein Bild dazu" oder „Dann schreib nur das wichtigste Wort auf"; gingen alle Kinder mit großer Hingabe und Ernsthaftigkeit an die Arbeit. Den ersten selbstverschrifteten Satz zu Stande zu bringen, war schon eine mächtige Anstrengung. Es wurde trotz des kalten Februarwetters tüchtig geschwitzt. Auf die Ergebnisse waren die Kinder danach um so stolzer.

Die Arbeiten der Kinder waren von der Lehrerin in einem speziellen Verfahren in einem Klassenlesebuch so dokumentiert, daß durch eine Textgegenüberstellung zum Schriftvergleich angeregt wurde.

Auf dem Kinderblatt stand der Text so, wie ihn das Kind in diesem Stadium verschriftet hatte. Es selbst konnte seine Schreibweise ja auch lesen.

Auf dem gegenüberliegenden Blatt stand der Kindertext (mit dem Einverständnis der Kinder) noch einmal, jetzt aber von der Lehrerin in der „Schreibweise der Erwachsenen" notiert. Hierdurch wurde einerseits das Autorenkind zum Vergleich angeregt: Wie schreibe ich das Wort, wie schreiben die Erwachsenen dieses Wort. Andererseits bekamen die übrigen Kinder die Möglichkeit, die korrekt geschriebene Textvorlage für ihre Leseversuche zu benutzen.

Ich habe Topfschlagen gemacht.

Björn 23.2.84

Diese Art, die Kindertexte doppelt abzubilden, hat sich unserer Erfahrung nach als sehr produktiv erwiesen. Wir beobachteten immer wieder, daß das „Autorenkind" zunächst seine eigene und erst danach im Vergleich die normierte Schreibweise zum Lesen benutzte.

Die übrigen Kinder bevorzugten von Anfang an den von der Lehrerin korrekt nachgeschriebenen Text, da er für sie einfacher zu lesen war.[1]

Der umständliche Begriff „Schreibweise der Erwachsenen" ist von uns in dieser Phase ganz bewußt an die Kinder herangetragen worden, um die Anwendung des Begriffspaares „richtig oder falsch" auf die Kinderschreibversuche von vornherein zu vermeiden. Nie wurde von uns eine Kinderschreibweise in diesem Stadium als falsch bezeichnet und damit abgewertet; für das betreffende Kind war es ja die zur Zeit richtige Schreibweise, die uns den Stand seiner Strategiebildung offenbarte und uns zeigte, wo weitere Lernprozesse in Gang gesetzt werden müßten. Ohne den negativen Bei-

---

[1] Dieses „kontrastierende Verfahren" wird im übrigen von J. Bruner in seiner Auseinandersetzung mit dem „Entdeckenden Lernen" als ein besonders geeignetes Mittel beschrieben, entdeckendes Lernverhalten zu fördern. (siehe: J. Bruner)

geschmack, einen Fehler im traditionellen Schulsinne gemacht zu haben, sollten sich die Kinder auf die Normschreibweise hin orientieren können. Eine solche Einstellung zu vermitteln und danach zu handeln, ist insofern ungeheuer wichtig, als die meisten Kinder schon eine gewisse Angst, Fehler zu machen, in die Schule mitbringen, wodurch sie in ihren spontanen Schreibversuchen leicht verunsichert sind.

Mit der konsequenten Aussparung der Begriffe „richtig oder falsch" aus den Kommentaren zu den Schülerarbeiten gelang es uns, einen Teil dieser „Schreibängste" aufzufangen.

Die folgende Auswahl von Schülerarbeiten zeigt beispielhaft, auf welch unterschiedlichen Verschriftungsniveaus sich einzelne Kinder dieser Klasse im Februar befanden.

Die Arbeit von *David*, einem sprachlich wenig geförderten Kind, läßt die Anstrengung spüren, die das Formulieren und Niederschreiben einer Aussage für ein darin ungeübtes Kind bedeuten. David hatte zu Hause noch nie etwas augeschrieben, konnte also diesbezüglich auf keinerlei Vorerfahrungen aufbauen, zeigte sich auch im Nachschreiben von Buchstaben und Wörtern äußerst ungelenk (nicht so im Zeichnen), war jedoch, sobald es um die Arbeit mit eigenen Texten ging, mit Feuereifer bei der Sache.

Vor Aufregung und in seiner Konzentration auf das Schreiben verlor David dabei die Reihenfolge der Wörter ganz aus dem Auge (was anfänglich übrigens bei einigen Kindern passierte). So schrieb er: *Bus aus habe ich Fenster geguckt*. Er selbst konnte seinen Satz jedoch richtig „vorlesen", und war außerordentlich stolz auf das erste selbstgeschriebene Produkt. Seinen Text schrieb die Lehrerin übrigens in zweifacher Version auf die gegenüberliegende Seite: Einmal für David zum Wortvergleich in seiner Wortreihenfolge, ein zweites Mal zum Lesen für alle Kinder in der korrekten Wortfolge.

Bus aus habe ich
Fenster geguckt

Im Bus habe ich
aus dem Fenster
geguckt.

Davids Verschriftungsstrategien können zu diesem Zeitpunkt wie folgt gedeutet werden:

David tendiert noch stark zum Benutzen der Großbuchstaben, was für frühe spontane Schreibversuche von Kindern typisch ist. Lediglich das im Unterricht sehr früh erarbeitete Wort „ich" ist in seiner Schreibung soweit gesichert, daß es auch bei großer Aufregung und Anstrengung automatisiert richtig geschrieben wird. Die Schreibrichtung von links nach rechts scheint David inzwischen zu beherrschen. Einen ersten Wortbegriff hat er offensichtlich ebenfalls erworben, da er jedes Wort in einer anderen Farbe notiert und an der Stelle, an der er den Farbwechsel zwischen zwei Wörtern vergißt, sofort einen Strich als Wortgrenze einfügt. „HPe / ich . . ."

Die übrigen Verschriftungen sind einerseits phonetisch orientiert: So schreibt David seiner Aussprache gemäß „BOS" statt „Bus". Auch bei „AOS" gibt die gewählte Buchstabenfolge seine zum „o" tendierende Aussprache wieder und auch „FeSA" entspricht seiner undeutlichen Artikulation. Das „n" fällt in seiner Aussprache ebenso weg wie das „t" in der Wortmitte, das auslautende „a" entspricht der Berliner Umgangssprache.

Andererseits greift David auf vorphonetische Abbildungsstrategien zurück, bei denen in der Hauptsache nur die wesentlichen Konsonanten eines Wortes wahrgenommen und abgebildet werden: „HPe" statt „habe" und „gk" statt „geguckt", wobei das „K" noch eine Richtungsunsicherheit erkennen läßt.

Für David ist es in der nächsten Zeit im Unterricht wichtig, daß immer wieder auf eine deutliche Aussprache geachtet wird, damit David im Versuch, Gehörtes abzubilden, nicht zwangsläufig zu ständigen Fehlschlüssen kommt. Daneben ist das Training bestimmter Grundwortschatzwörter angesagt, damit David eine Reihe von Abbildungsmustern kennenlernt bzw. über die Schreibweise dieser Wörter sicher verfügt. Darüberhinaus ist die Auseinandersetzung mit der „Erwachsenenschreibweise durch den Vergleich — eigener Text und Normschreibweise — wichtig, um zu differenzierteren Abbildungsstrategien zu gelangen sowie Korrekturhinweise für die eigene ungenaue Aussprache aus der Schrift zu erhalten.

Für David ist neben der Fibelarbeit, den Lernspielen, dem Umgang mit Kinderbüchern nach wie vor auch das Diktieren von Texten wichtig, damit er das Aufschreiben von Gedachtem bzw. Gesagtem am Modell der Lehrerin mitverfolgen und im Abschreiben seinen eigenen Text nachschaffen kann.

Till gehört zu den besonders interessierten und aufgeweckten Kindern der Klasse. Er kam mit einer starken Lese- und Schreiblernmotivation in die Schule und konnte dabei auf einer guten häuslichen Erfahrungsgrundlage aufbauen (erste Buchstabenkenntnis vorhanden, Funktion von Schreiben erlebt). Er war es gewohnt, recht selbstbestimmt, zügig und selbständig zu arbeiten. Diesem Bedürfnis kam die Arbeit mit den eigenen Texten stark entgegen.

Tills Text spiegelt ebenso wie der von David den für ihn emotional besonders wichtigen Teil des Ausfluges wider. In seinen Absichten anspruchsvoller als David versucht er, die sachliche Information „Gestern war ich bei …" mit der emotionalen Bewertung dieses Ereignisses zu verbinden „War das toll".

Als Verbindung zwischen beiden Aussagen benutzt er die Konjunktion „und", da er über die Gliederung von Texten durch Satzzeichen noch nicht verfügt. So ist auch das Wort „Ende" als Punktersatz zu verstehen.

Dieser Text zeigt darüber hinaus, daß Till bereits über differenzierte Strategien verfügt, seine Aussagen in Wörter und Lautfolgen zu zergliedern sowie mit Zeichen dafür abzubilden.

Zum einen besitzt er einen großen Grundwortschatz (war, ich, bei, Frau, und, das, toll, Ende). Zum anderen hat er offensichtlich bereits entdeckt, daß unsere Rechtschreibung nicht eindeutig phonetisch orientiert ist. Das phonetische Prinzip tritt bei ihm bereits zugunsten typischer Rechtschreibmuster in den Hintergrund.

Statt streng phonetisch „untaman" schreibt er „unte*r*mann", statt streng phonetisch „gesdan" schreibt er „gestern", statt streng phonetisch „schpi …" schreibt er „sp*i*len", statt streng phonetisch „früscht …" schreibt er Frü*s*tö …". Typisch für diese bereits relativ fortgeschrittene Phase der Annäherung an unsere Orthographie sind die Unsicherheiten bei Dehnung und Schärfung, die in ihren Schreibweisen erst recht spät zum sicheren Wissensstand bei Kindern gehören (sp*i*len, fr*ü*hstöken, Ha*m*erschmi*t*).

Unsicher ist Till ebenfalls noch in bezug auf die Groß- und Kleinschreibung. Er weiß schon, daß am Satzanfang „groß" geschrieben wird, daß „die kleinen Wörter" in der Regel nicht „groß" geschrieben werden; genauere Vorstellungen fehlen ihm aber noch.

Bei Tills Text handelt es sich insgesamt um eine souverän erbrachte fortgeschrittene Leistung.

Mit Till muß in der nächsten Zeit die Groß- und Kleinschreibung erarbeitet werden, was in der Auseinandersetzung mit seinen eigenen Texten erfolgen kann bzw. mit der ganzen Klasse in Angriff genommen werden muß. Darüberhinaus wird Till im Rahmen der „Wochenarbeiten" (Aufgabenstellungen, die innerhalb einer Woche in den dafür vorgesehenen „freien Arbeitsphasen" individuell erledigt werden müssen) zusätzliche Aufgabenstellungen bearbeiten können, die seinem Lernfortschritt und seinem Lerneifer angemessen sind (Basteln nach schriftlicher Anleitung, dann Erklären für die anderen, eigene „Bücher" herstellen . . .).

Ramona ist ein stilles, durch ihren Altersrückstand teilweise überfordertes, gleichzeitig aber auch pfiffiges Mädchen. Vorerfahrungen im Lesen und Schreiben waren durch die relativ negativen Schulerfahrungen ihrer Geschwister nicht unbedingt in motivierender Weise vorhanden.

Ramona kam am Wandertag ohne Fahrgeld zu spät zur Schule. Für sie war es bestimmt kein schöner Tag gewesen.

Trotzdem wollte sie unbedingt an der Bucherstellung über den Ausflug beteiligt sein.

So schrieb sie ihre Erfahrung in einem Satz nieder: „Ich war nicht mit, weil ich kein Fahrgeld hatte."

Ich war nicht
mit, weil ich
kein Fahrgeld
hatte. Ramona

Ramona befindet sich noch vorwiegend in der halbphonetischen Phase der Verschriftung von Wörtern. Außer bei den wenigen automatisierten „Grundwortschatzwörtern" „ich, nicht", die sie stets korrekt schreibt, hört bzw. notiert sie von jedem Wort bislang erst die tragenden Konsonanten (wr = war, mt = mit, wl = weil, kn = kein, fgd = Fahrgeld, ht = hatte). Selbstverständlich konnte sie ihren Text trotzdem vollständig vorlesen.

Ramona verfügt recht sicher über einen Wortbegriff: jedes Wort wird von ihr problemlos durch einen Farbwechsel gekennzeichnet. Die Buchstaben -n- und -m- werden noch mit einem zu hohen Anstrich notiert „h", „m".

Für Ramona ist neben der Fibel- und Lernspielarbeit einerseits die Beschäftigung mit ihrer Schreibweise im Vergleich zur Erwachsenenschreibung wichtig. Andererseits ist aber, ebenso wie bei David, das Diktieren von Texten und das Beobachten des Verschriftungsvorganges beim Erwachsenen unter Einbeziehung ihrer Schreibvermutungen für sie noch sehr hilfreich. Dabei kann sie am Modell des Lehrerverhaltens, bzw. gemeinsam mit der Lehrerin oder im Kreis mit anderen Kindern die Feinuntergliederung der Wörter erfassen und zum nächsten Verschriftungsniveau — der phonetischen Schreibweise — gelangen.

Der folgende Text stammt von *Günnür*, einem türkischen Mädchen, das in Deutschland die Vorklasse wegen ihrer geringen Deutschkenntnisse zweimal besucht hat. Sie ist dadurch ein Jahr älter als die übrigen Kinder, kann aber dem Unterricht gut folgen und sich verständlich ausdrücken.

ich Ware Gesdanbei
Frau untaman und
habe mit Yudit

Gesit

Günnür ist in ihrer Verschriftungsstrategie stark auf das sprachliche Vorbild ihrer Umgebung hin orientiert. Sie horcht alle ihr unbekannten Wörter daraufhin ab, wie diese in ihrer Nähe gesprochen werden und bildet sie danach streng phonetisch ab. Dabei übergeneralisiert sie das phonetische Prinzip teilweise so, daß sie auch Laute abbildet, die wir schriftgeübten Erwachsenen gar nicht mehr wahrnehmen, da sie bedeutungsirrelevant sind. Dieses Phänomen der Übergeneralisierung von erkannten Regeln ist typisch für den aktiven Rechtschreiblernprozeß. Es wird dabei intuitiv die Reichweite einer erkannten Strategie erprobt.

Für Günnür klingt in dem Wort — war — am Ende nach dem „r" noch ein zartes „e" nach, das wir bei bewußter Konzentration auf eine besonders deutliche Aussprache auch wahrnehmen können. Günnür bildet diesen Laut in ihrer Schreibweise ab: ware.

Das relativ schwierige Wort — gestern — wird von ihr getreu der gehörten und benutzten Umgangssprache als — gesdan — verschriftet, so wie sie auch — Untermann — lautgetreu „berlinisch" — untaman — schreibt.

Lediglich die komplizierte Lautfolge des Wortes — gespielt — bereitet Günnür noch Schwierigkeiten. Sie greift jedoch auch dabei nicht mehr auf eine rein konsonantische Darstellungsweise zurück, sondern versucht schon das Wort unter Verzicht auf eine genaue Darstellung des „schp-Lautes", des „l-Lautes" und des Längenzeichens beim „i" möglichst lautgetreu zu verschriften — gesit —.

Im übrigen verfügt sie bereits souverän über eine große Anzahl von Wörtern aus dem Grundwortschatz: ich, bei Frau, und, habe, mit.

Für ein türkisches Mädchen, das seine Deutschkenntnisse ohne große häusliche Unterstützung erwerben muß(te), ist dies eine außerordentlich gute Leistung.

Für Günnür sind neben einem korrekten lautsprachlichen Vorbild, neben der Erweiterung des Grundwortschatzes und der Fibel- und Lernspielarbeit vor allem Texte und Schreibanlässe wichtig, die zum Vergleich mit der Normschreibweise anregen, damit sie ihre Abbildungsstrategie um wesentliche, für die deutsche Sprache typische „Rechtschreibmuster" erweitern kann (Wortfamilien, Dehnung, Schärfung . . .).

3. Das „Bücher-Buch" oder Abschreiben macht Spaß

In unseren ersten Klassen wurden nicht nur Bücher aus eigenen Texten hergestellt, sondern wir benutzten dazu auch Auszüge aus den Lieblingsbüchern der Kinder. So etwas ist dann ein „Bücher-Buch".

Anlaß für ein solches Vorhaben war ein Besuch mit je einer der ersten Klassen in der Bezirksbücherei. Einerseits war es unser Bestreben, die Kinder zum Verfassen und Lesen eigener Texte anzuregen, andererseits ging es uns auch darum, die Kinder an altersgemäße Literatur heranzuführen sowie Freude am Umgang mit Büchern zu vermitteln.

Bisher hatten wir uns dafür von der Bezirksbücherei „Bücherkisten" geliehen, jetzt wollten wir die Kinder darüber hinaus an der Auswahl der Bücher beteiligen. Ebenso sollten sie zum selbständigen Benutzen der Bücher ermuntert werden.

Jedes Kind suchte sich ein Buch zum persönlichen Entleihen aus und trug es stolz mit in die Schule. Nun herrschte erst einmal „Schmökerstimmung". Die Kinder blätterten in ihren Schätzen, zeigten sich gegenseitig die Bilder, versuchten einzelne Überschriften zu erlesen, äußerten Vermutungen über den Inhalt oder steuerten eigenes zum Thema des Buches bei.

Um eine intensivere Beschäftigung mit den Büchern zu bewirken, stellten wir danach den Kindern die Aufgabe, alleine oder gemeinsam mit ihren Nachbarn eine Seite aus ihrem Buch herauszusuchen, die sie besonders interessant fänden. Aus dieser Seite sollten sie versuchen, ein oder zwei Sätze zu erlesen, um sie später im Kreis allen Kindern vorzulesen. Danach mußten diese Zeilen für das „Bücher-Buch" abgeschrieben und mit einem Bild illustriert werden. Die Auswahl der zu lesenden Textstellen orientierte sich naturgemäß an den Bildern der Bücher, da die Kinder mit dem Lesen des gesamten Buches überfordert gewesen wären. Einzelne Bücher wurden im Verlauf der weiteren Arbeit in den Vorlesephasen vom Lehrer, manche auch von den Kindern selbst, vorgelesen.

Der Vorschlag, aus ihrem Buch einen Teil für das „Bücher-Buch" abzuschreiben, so daß sie sich immer an das selbst entliehene Buch erinnern könnten, traf bei den Kindern auf sehr große Bereitschaft. Eifrig machten sie sich daran, alleine, mit Hilfe ihres Tischnachbarn oder des Lehrers, Textstellen zu erlesen und zu begreifen.

Da die meisten Kinder beim Entleihen zu Sachbüchern gegriffen hatten, lösten manche der anschließend im Kreis vorgetragenen Auszüge lebhafte Erörterungen und Nachfragen aus, so daß auch etwas weitergelesen werden mußte, zum Beispiel bei:

„Der Mensch lernte, das Feuer zu beherrschen."

oder

„Die Erde ist der einzige Planet, auf dem Menschen leben können."

Das Abschreiben der Texte war für die Kinder bei diesem einsichtigen Zweck eine wichtige Tätigkeit, die sie mit Ernst und Hingabe ausführten. Da in diesen Klassen bislang nur mit der Druckschrift gearbeitet worden war (die Einführung der Schreibschrift war für die Zeit nach Ostern vorgesehen), übertrugen die Kinder den Text ohne Probleme von der Buchvorlage auf ihre Blätter. Bemerkenswert war, daß dabei trotz der teilweise sehr schwierigen Sachwörter kaum Fehler gemacht wurden, was sicher mit der starken Motivation der Kinder zu tun hatte. Auch Bücher, die vorgelesen worden waren, wurden von den Kindern auf ähnliche Weise nachempfungen bzw. nachgestaltet.

STefAN P. Aus meinem BUCh:
Dinosaurier haben vor Millionen von Jahren gelebt.

STEFAN-M
Aus meinem Buch:
Der Teufelsrochen
Wenn der Teufelsrochen nicht belästigt wird, greift er auch nicht an.
STEFAN M.

4. Als das Briefeschreiben ausbrach . . .

Es passierte kurz nach Ostern und brach über uns herein wie ein Orkan. Auch heute noch, im zweiten Schuljahr, werden die Kinder wellenartig von dieser Lust erfaßt.

Briefe zu schreiben und Briefe zu erhalten, ist für Kinder offenbar eine der spannendsten Möglichkeiten, Lesen und Schreiben in Funktion zu erleben. Ganz besonders wertvoll ist diese Erfahrung für den Aufbau einer tragfähigen Lese-/Schreibmotivation, wenn bereits im Stadium des Erwerbs der Schriftsprache, also beim Lesen- und Schreibenlernen, Briefe ausgetauscht werden. Das „Wozu" und „Warum" des Schreibens wird den Kindern auf lustvolle Weise einsehbar. Die Anstrengung des Schreibens und Lesens selbst wird zu einer Mühe, die es unbedingt Wert ist, daß man sie auf sich nimmt.

Bloß wie soll das im ersten Schuljahr funktionieren, das Briefeschreiben? Können die Kinder das denn überhaupt? Und wem schreiben sie dann eigentlich?

Angefangen hatte alles damit, daß ein Lehrer aus einer unserer ersten Klasse eine ältere Klasse auf einer Schulfahrt begleiten mußte. Und natürlich brachte eines Morgens die Schulsekretärin eine Postkarte von ihm ins Klassenzimmer. (In anderen ersten Klassen waren die Anlässe zum Beispiel: längere Abwesenheit eines Kindes durch Krankheit, längerer Aufenthalt im Heimatland Türkei . . .)

Nachdem die Karte mehrmals von Kindern vorgelesen und das darauf abgebildete Skelett eines Höhlenbären gebührend gewürdigt worden war, schien es den Kindern selbstverständlich, daß sie ihrem Lehrer antworten würden. Nach kurzer Zeit saßen sie einzeln bzw. in Gruppen über leere Bogen gebeugt und versuchten, ihrer Freude an der Karte bzw. ihrem Interesse am Tierskelett Ausdruck zu geben.

Um die Schreibfreude und den Schreibfluß der Kinder nicht unnötig zu unterbrechen, wurden an dieser Stelle keine allgemeinen Informationen über die Formalien des Briefeschreibens gegeben. Die Kinder schrieben so, wie ihnen zu Mute war. Wer Fragen hatte, bekam sie beantwortet, einzelne Wörter wurden auch an die Tafel geschrieben; wer wollte, konnte sich daran orientieren; wer zu sehr damit befaßt war, seine Gedanken zu Papier zu bringen, brauchte sich noch nicht darum zu kümmern.

Für die Kinder selbst wurden die Briefe vor dem Abschicken kopiert und ihr Text in korrekter Schreibweise daneben geschrieben, so daß sie beim Lesen ihrer „Briefesammlung" eine Textversion in Normschreibweise zum Vergleich hatten.

Die Briefe der Kinder spiegelten ihre Wünsche und Vorstellungen auf eine sehr direkte Art wider.

Jessica zum Beispiel war von der Idee, die Höhle selbst zu besuchen, so beseelt, daß der Brief für sie der erste Schritt zur Planung eines Höhlenbesuches war. Schnell und souverän verfaßte sie ihren Brief.

Lieber Herr Lumpe!
Wo war diese Höhle?
Jessica

Ihre „Verschriftung" zeigt noch Unsicherheiten in bezug auf die Links-Rechts-Ausrichtung von „b" und „d", in bezug auf Dehnung und Schärfung („Lidehr" ohne -ie, aber mit Dehnungs-h, „Her" ohne Dopplung), Schreibweisen, die sich mit einem Grundwortschatztraining dieser Wörter von allein richtig einprägen. Das Wort „diese" wurde von Jessica richtig abgehört, bei der Schnelligkeit ihrer Arbeitsweise aber in vertauschter Reihenfolge notiert, eine Erscheinung, die vielen Kindern bei Aufregung vorübergehend passierte.

Stefan schwankte zwischen zwei Gefühlen. Einerseits fand er den Höhlenbären toll, andererseits hing er sehr an seinem Lehrer. Beides kommt in seinem Brief zum Ausdruck.

Lieber Herr Lumpe!

Wie groß war der Bär

und wann kommst Du?

Stefan Müller

Pumpe

Stefans Text zeigt, daß er über bestimmte Grundwörter sicher verfügt (war, der, und) und bis auf das erfragte „lieber" alle Wörter entsprechend seiner Aussprache phonetisch korrekt abbildet. Bei Bär nimmt er sogar das nur schwach klingende auslautende „r" wahr und bildet das ihm unbekannte „ä" seiner Aussprache gemäß mit „ea" ab. Die Verwechslung von g und k „kroß" und b und p „Lombe" statt Lumpe ist für dieses Stadium typisch und kann durch genaue Artikulations- und Abhorchübungen sowie durch Schriftvergleiche überwunden werden. Auch Stefan zeigt die für diese Phase typischen Unsicherheiten in bezug auf Dehnung und Schärfung, die erst nach weiterem Grundwortschatztraining (meistens erst im Laufe des zweiten Schuljahres) geringer werden.

Ramons Brief zeigt, daß er bereits über Erfahrungen im Briefeschreiben verfügt. Ramon kommt aus Spanien und hat dort noch Verwandte, an die geschrieben wird. Er ist einer der wenigen, der bereits über die Formel: „Viele Grüße von . . .“ verfügt. Dadurch, daß die anderen Kinder neugierig waren, was ihre Klassenkameraden geschrieben hatten, griffen sie gern zu der „Briefesammlung" und lernten so beim Lesen ganz nebenbei diese Grußformel kennen.

Liber Hrt Lumper

mie geht.es gUt.
Warst. DU. Schon. in. Der
Höle.

Viete. GrÜsse von RAMON

Auf Grund seiner spanischen Herkunft hat Ramon beim Verschriften seines Textes größere Schwierigkeiten als andere Kinder und neigt dazu, viele Wörter zu erfragen. Der Brief gibt daher nur zum Teil seinen tatsächlichen Leistungsstand wieder.

Einige Tage, nachdem die Kinder ihre Briefe abgeschickt hatten, fragten wir nebenbei in einem Klassengespräch, ob sie Lust hätten, sich gegenseitig auch Briefe zu schreiben (erste Ansätze dazu mit kleinen Liebesbriefen unter der Bank hatte es bereits gegeben). Die Kinder waren sofort „Feuer und Flamme", griffen die Idee begeistert auf und hätten sich am liebsten auf der Stelle an die Arbeit gemacht.

Vorher gab es allerdings im gemeinsamen Gespräch noch einiges zu klären: Wie sollte das Ganze vor sich gehen?

Die Kinder gingen davon aus, daß sie ihre Briefe einfach in den nahe der Schule aufgestellten Briefkasten stecken könnten und die Briefe dann automatisch in die Schule kämen. Genauere Vorstellungen darüber besaßen sie nicht.

Die Funktion von Briefmarken als Geldwertzeichen zum Bezahlen des Transportes war nur ganz wenigen Kindern klar und über den Transportvorgang selbst hatten sie sich natürlich auch noch keine Gedanken gemacht.

Also wurde als erstes einmal der Briefkasten vor der Schule genauer inspiziert, die Leerung beobachtet und der Sinn der angegebenen Leerungszeiten besprochen.

Nachdem dann allen Kindern deutlich geworden war, daß wir aus finanziellen Gründen die öffentliche Post für unser Vorhaben nicht benutzen konnten, stand sofort die Idee im Raum, sich allein einen Briefkasten für die Klasse zu bauen und selbst Postbote zu spielen.

Als Hausaufgabe hatten die Kinder zu überlegen, wie man so einen Briefkasten bauen könnte, welche Materialien dazu geeignet wären sowie für sich zu notieren, was auf dem Briefkasten stehen solle.

Das Ergebnis am nächsten Tag war überwältigend: vier fertige Briefkästen hatten die Kinder mitgebracht. Und ehe wir uns umgesehen hatten, saßen die meisten bereits am Tisch, hatten sich einen Bogen Papier genommen und schrieben. Das Schreibfieber war ausgebrochen.

Eigentlich hatten wir mit den Kindern vorher in Ruhe besprechen wollen, daß jeder Brief eine Anrede, eine Unterschrift, eine Adresse, einen Absender braucht. Aber dafür war es bereits zu spät. Diesen Schreibeifer wollten wir nicht stoppen. Anläßlich der unvermeidlichen „Irrläufer" bei der ersten Leerung (An wen geht denn dieser Brief? Wer hat mir denn überhaupt geschrieben?), holten wir diese Informationsphase nach.

Wichtig war es darüberhinaus, mit den Kindern bestimmte Regeln zu vereinbaren, die der Lust am Briefeschreiben einen organisatorischen Rahmen gaben, in dem die Kinder ungestört schreiben, Briefe verteilen, lesen, vorlesen und beantworten konnten, ohne daß der übrige Schulalltag völlig aus dem Gleichgewicht geriet.

Anfänglich praktizierten wir die tägliche Leerung des Kastens nach der großen Pause durch wechselnde Postboten, mit anschließendem stillen bzw. gegenseitigen oder allgemeinen Vorlesen der Briefe und einer Zeitspanne zum Schreiben der Antworten. Später wurde nur noch zweimal die Woche geleert sowie zusätzlich bei besonderen Gelegenheiten. Geschrieben wurde in den „Antwortzeiten" sowie in den freien Arbeitsphasen und teilweise auf besonderen Wunsch der Kinder auch zu Hause. Auf einem bestimmten Tisch in der Nähe des Briefkastens lagen die sogenannten Briefbogen (Spenden der Eltern, Computerpapierrückseiten . . .) und Briefumschläge (zunächst gekaufte, später selbst gefaltete).

Was schreiben sich eigentlich Kinder, die sich täglich in der Schule sehen? Gibt es da überhaupt ein Schreibbedürfnis? Gibt es da überhaupt Inhalte, über die sich schriftlich ausgetauscht wird?

Reden ist doch viel einfacher, oder?

Bei manchen Themen ist das Schreiben auch für Kinder offensichtlich einfacher als das Reden.

Manche Dinge, wie zum Beispiel Liebeserklärungen, Einladungen, versteckte Wünsche lassen sich häufig besser schriftlich als mündlich übermitteln.

So schreibt *Kostas* an seinen Freund Vy mit sichtlichem Vergnügen eine Beobachtung über seinen Mitschüler Tom, eine Mitteilung, die durch das „Briefgeheimnis" offensichtlich noch „aufregender" wird.

Lieber Vy
Tom ist verliebt.
Dein Kostas.

Tom LIBEP VY ist fer lipt.

Dein KOSTAS

Manche Vorhaben, manche Einladungen und gegenseitigen Besuche kommen überhaupt erst durch die Briefe in Gang. So traut *Paul*, ein polnisches Kind, sich zum ersten Mal, eine Einladung an Stefan ins Auge zu fassen:

Lieber Stefan
Ich will Dich einladen zu mir.
Paul

Libr STEFAN

ich ~~F~~ will ~~de~~ dich

~~d~~ einladen Sumia

Paul

Unter Schreibentwicklungsaspekten ist Pauls Brief dabei insofern besonders aufschlußreich, als er den Ablauf seiner Verschriftungsüberlegungen durch die Abbildung seiner Korrekturen deutlich offenbart.
Wird „will" mit „f" oder „w" geschrieben, Paul artikuliert leise vor sich hin, probiert „f" (F) und entscheidet sich korrekt für „w".
Wird „dich" entsprechend der Aussprache in seiner Umgebung „dech" geschrieben oder als „dich"? Paul erinnert sich an analoge Grundwortschatzwörter „ich, nicht", — und schreibt korrekt „dich".
Wird „einladen" mit „ai" geschrieben oder mit „ei"? Auch hier korrigiert Paul seinen spontanen Verschriftungsvorgang, der sich am umgangssprachlichen Klangbild orientiert, zugunsten von vertrautem Wissen über gängige Schreibmuster analog zu „ein, einer, eine".

Bei „Libr" kam Paul die streng phonetische Schreibweise nicht ungewöhnlich vor, gängige Schreibmuster (vor auslautendem r steht ein e — Endungsporphem — er) waren noch nicht gespeichert.

Bei „zu mir" (sumia) wollte Paul dann schnell fertig werden, um endlich den Brief abschicken zu können.

Auch *Katja* und *Simone* nehmen schriftlich miteinander Kontakt auf. Simone antwortet auf Katjas Einladung:

> Liebe Katja,
> ich frage meine Mama
> ob Du zu mir kommen kannst
> oder ich komme zu Dir.
> Deine Simone

Liebe Katja
Ich frage
meine
mama ob
du zu
mir komen
kansd oder
Ich kome zu
dir. deine Simone

Ramon, aus Spanien, im Briefeschreiben geübt, probiert, sich selbst zu seinem Klassenkameraden Vy einzuladen und schreibt zu Hause diesen Brief:

> Lieber Vy
> Geht es Dir gut?
> Ich möchte Dich gern besuchen.
> Wann darf ich kommen.
> Dein Ramon

Lieber Vy
Geht es Dir Gut?
Ich möchte Dich Gern
besuchen. Wann darf ich
kommen?
Dein Ramōn

Tom ist von Stefan eingeladen worden, hat aber aus der Beschreibung
nicht entnehmen können, wo Stefan genau wohnt und schreibt deshalb:
Lieber Stefan P.
Wo war das Haus
Tom

Liber STEFAn.P
Wo War das Hus
Tom

Eine regelrechte Besuchswelle innerhalb der Klasse wurde durch das Brie-
feschreiben in Bewegung gesetzt.
Einige Kinder beginnen, Komplimente auszutauschen. So schreibt *Sandra*,
die von dem Aussehen ihrer koreanischen Freundin Kiem fasziniert ist:
Liebe Kiem
Du bist sehr schön
Sandra

Liebe kiem
du
bist
Ser
Schön

von
SANDRA

An
KieM

Aber auch Abneigungen und Ablehnungen kommen auf diese Weise deutlich zu Tage und müssen in der Klasse anschließend aufgearbeitet werden. Daß Stefan G. bei den Kindern aufgrund seiner motorischen Unausgeglichenheit und seiner Wutanfälle nicht besonders beliebt ist, war uns Lehrern schon klar. Wie stark jedoch die Abneigung und Ablehnung seiner Person durch die übrigen Kinder ist, wurde uns selbst auch erst nach den Reaktionen der Kinder auf Stefans Kontaktversuche schmerzlich deutlich, so daß wir beschlossen, das Thema „Stefan und wie wir ihm helfen können" erneut mit den Kindern zu bearbeiten.

Hatte *Axel* auf Stefans Einladung zum Spielen noch diplomatisch geantwortet:

> An Stefan G.
> Du Stefan, ich mache nicht mit.
> Von Axel

AN STEFAN G.
DU STEFAN, ich mache nicht mit.
von AXEL

AN
STEFAN G.

so erwiderte *Tom* ohne Umschweife auf dieselbe Anfrage:

> Lieber Stefan
> Du bist doof.
> Du brauchst nicht zurückrufen.
> Von Tom

Lieder STEFAN
DU bisT
DOOF
DU Brust
nicht Dsurük
RUFN Von
TOM

Mit solch massiver Ablehnung kann man ein Kind natürlich nicht allein lassen.

Gespräche über das soziale Miteinander in der Klasse, die sich aus solchen Ereignissen ergaben, führten wiederum auch dazu, daß an Kinder, die sonst eher ausgeschlossen oder aber nicht besonders beliebt waren, Briefe geschrieben wurden.

Lars, ein empfindlicher Junge, der durch sein Sitzenbleiben in der vorigen ersten Klasse in erheblichem Maße verunsichert und wenig in der Lage war, mit anderen Kindern freundschaftliche Beziehungen anzuknüpfen, erhielt für ihn und uns völlig überraschend anläßlich seines Geburtstages von einigen Kindern mit der Klassenpost Glückwunschbriefe, eine sehr liebevolle Idee.

Lieber Lars
Ich wünsche Dir
alles Gute zum Geburtstag.
Simone

Lieber
Lars
ich
wünsche
diar
Ales
Gute
zum
Geburtstag

Simone

Wohl jede Lehrerin, jeder Lehrer kennt die Liebesbriefchen, die von Zeit zu Zeit heimlich unter den Klassenbänken ausgetauscht werden und nur allzuleicht in den Bereich des Verbotenen gedrängt werden. Auch dieses Bedürfnis konnten die Kinder mit Hilfe der Klassenpost lustvoll ausleben.

Sandra und Axel verfaßten im Laufe von fünf Tagen folgenden rührenden Briefwechsel, der in dem Gelöbnis ewiger Freundschaft gipfelte.

Lieber AXEL
Schreib
mir
doch
auch
mall   Von
                SANDRA

an sandra
ich weiß nicht wann ich
Komen Kahn.
Von
Axel

Lieber AXEL
ich
freuhe
Mich
Ser
über
deine
Briefe VON SANDRA

Lieber AXEL
ich
fint
Dich
ser
Net
            Von SANDRA

Lieber AXEL
Wollen
Wir
eine
BANDe   Von
Machen   SANDRA

Lieber AXEL
du biest
mein
bester
freunt   VON SANDRA

Lieber AXEL

du
Wollen

Wir

wer
Suchen

wor
imer

Freunte

Zu

Bleiben,

Von
SANDRA

Da die Briefe der Kinder persönliches Eigentum und d.h. Privatsphäre dar-
stellten, verzichteten wir darauf, sie in speziellen Heftern zu sammeln und
sie für alle öffentlich zu machen, es sei denn, die Kinder gaben spontan ihre Zustimmung dazu oder forderten uns auf, die Briefe für ein Klassenlesebuch zu sammeln.

70

Wie sich Schreib- und Rechtschreibfähigkeit bei Kindern entwickeln — theoretischer Bezugsrahmen

Es könnte schon sein, daß sich die eine oder der andere nach der ersten Durchsicht dieses Buches oder auch nach genauerem Lesen fragen wird: Kann das denn wirklich so funktionieren? Kann ein Ansatz wie der hier dargestellte, Kindern tatsächlich eine besondere Hilfe beim Erlernen des Schreibens und Rechtschreibens sein?
Die Kinder mögen ja zu „flotten Schreibern" heranwachsen, ob sie aber später auch über eine sichere Rechtschreibfähigkeit verfügen . . .?
Diese Kinder dürfen doch ständig Fehler machen, wie sollen sie denn dabei die Richtigschreibung erlernen?
Widerspricht sich das nicht?

Berechtigterweise kommen solche Fragen von Lehrerinnen, Lehrern und auch von Eltern, die sich zum ersten Mal mit einem Ansatz wie dem hier beschriebenen auseinandersetzen. Und es ist sicher notwendig zu fragen, wie es kommt, daß bei einem derartig „lockeren Umgang mit Schrift und Rechtschreiben" die Kinder erfolgreich in die Geheimnisse der Rechtschreibung eingeführt werden.

Dafür gibt es eine kurze und sehr eindeutige Antwort: Die Kinder werden nicht in die Rechtschreibung „eingeführt", sie „entdecken" sie selbst!

Eine solche Antwort, für sich genommen, kann provozierend wirken. Damit sie klärende Funktion hat, bedarf sie einer ausführlichen Erläuterung und Begründung.

Der hier dargestellte Weg baut auf dem Wissen auf, das wir darüber haben, wie kleine Kinder sich die Sprache aneignen, wenn sie sprechen lernen, d.h. wie bei Kindern Spracherwerbsprozesse ablaufen. Interessant ist in diesem Zusammenhang, daß alle Forschungsergebnisse der letzten Jahrzehnte auf die Fähigkeit des Kindes verweisen, *sich Sprache grundsätzlich selbst über aktive, entdeckende Prozesse (hypothesentestendes Verfahren) anzueignen.*
Kinder lernen Sprechen nicht durch gezielte Übungen zum Nachsprechen von Wörtern, Silben oder Sätzen, die ihnen Erwachsene zu diesem Zwecke vorsagen; Kinder erwerben Sprache nicht durch papageienartiges Nachplappern.
Kinder bemächtigen sich der Sprache, indem sie versuchen, aktiv und kreativ durch sprachliche Konstruktionen — je nach Alter auf unterschiedlichem Niveau — ihren Bedürfnissen, Befindlichkeiten, Absichten und Wünschen Ausdruck zu geben.
Dies geschieht dadurch, daß sie die in ihrer Umwelt erfahrene Sprache intuitiv kategorisieren, Regeln zum Hervorbringen dieser Sprache bilden, aus-

probieren und gegebenenfalls in weiterer Annäherung an die Erwachsenen-sprache korrigieren.[1]

Besonders gut nachvollziehbar ist dieser Prozeß der aktiv experimentieren-den Regelbildung an den Stellen, an denen die Kinder auf Grund gängiger Sprachmuster zu einer falschen Regelbildung bzw. Übergeneralisierung einer Regel gelangen.

Jeder, der Kinder beim Aufwachsen begleitet, wird zu einem Zeitpunkt plötzlich feststellen, daß die Kinder spontan sprachliche Äußerungen produzieren, in denen Formen benutzt werden, die diese Kinder nie in ihrer Umgebung gehört haben, aber trotzdem hervorbringen.

So sprechen vier- bis sechsjährige Kinder dann von: „Ich gehte" in Anwendung der Regel zur Präteritumbildung bei schwachen Verben (fegen, ich fegte), oder auch „Ich gang" in Anwendung der Regel zur Präteritumbildung bei starken Verben (Präteritum und 2. Partizip mit demselben Stammvokal). Solche und ähnliche Wortbildungen legen ein beredtes Zeugnis ab von den intuitiv ablaufenden Regelbildungsprozessen bei Kindern im Verlauf der Sprachaneignung.

Aus der hier nur kurz skizzierten aktiv experimentierenden Weise, in der Kinder sich die Sprache aneignen, geht hervor, daß Schulanfänger, die mit sechs Jahren in die erste Klasse kommen, in gewissem Sinne sprachlich keine Anfänger, sondern Könner sind.

Die sprachlichen Leistungen, die sie bis zu diesem Alter vollbracht haben, sind enorm. Mit ca. sechs Jahren haben Kinder es im allgemeinen von allein fertiggebracht, unsere Sprache soweit in einer kreativen, analytisch-synthetisch vorgehenden Haltung zu erfassen, daß sie mit den Sprachele-menten und deren Beziehungen untereinander so souverän umgehen können, daß sie die Menschen ihrer Umgebung verstehen, ihre eigenen Absichten äußern können und dabei verstanden werden.

Intuitiv verfügen sechsjährige Kinder über ein enormes linguistisches Grundwissen. Sie kommen als kompetente Sprecher und Hörer in unsere Klassen, die durch den selbständigen Erwerb der mündlichen Sprache gezeigt haben, daß sie ihren Geist intelligent und kreativ zur Erfassung und Benutzung von Sprache einsetzen können.

Diese Fähigkeit der Kinder, Sprache selbständig, aktiv experimentierend zu erwerben, macht sich der entdeckende Ansatz beim Lese- und Schreib-erstunterricht zunutze. Hier werden die Kinder nicht in die Rolle des passi-ven, uninformierten, nur zu Schluckbewegungen fähigen Konsumenten gedrängt, um von „klugen" Erwachsenen, die aus der Erwachsenenlogik heraus portionierten, kleinen Wissenshäppchen entgegenzunehmen und zu schlucken.

Hier werden die Kinder stattdessen in ihren Entdeckungs- und Gestaltungsbedürfnissen und -fähigkeiten ernstgenommen und herausgefordert.

---

[1] Ausführlich beschäftigt sich Gisela Szagun mit dem kindlichen Spracherwerb in ihrem Buch: Sprachentwicklung beim Kind, München 1984, 2. Auflage

Das hört sich ja alles sehr gut an, aber — so wird vielleicht manch eine(r) fragen — gilt denn das für den mündlichen Spracherwerb zutreffende Verhalten auch automatisch für den Erwerb der Schriftsprache? Funktioniert Lesen- und Schreibenlernen tatsächlich so „entdeckend"? Abgesehen davon, daß es sich bei dieser Fähigkeit zum Spracherwerb, wie linguistische Forschungen übereinstimmend festhalten, um eine allgemeine spezifische menschliche Grundfähigkeit handelt,[2] gibt es für die Richtigkeit dieser Argumentation inzwischen vielerlei empirische Belege. Untersuchungsergebnisse und Erfahrungsberichte dazu liegen uns aus dem englisch- und deutschsprachigen Raum vor, aus Frankreich, Schweden und Italien.[3]

Besonders interessant an diesen Forschungs- und Erfahrungsberichten ist, daß alle beobachteten bzw. untersuchten Kinder, unabhängig davon in welcher Sprachgemeinschaft sie aufwuchsen, während ihrer Entdeckungsreise auf dem Weg zur Schrift bestimmte typische Stadien der Annäherung an die normierte orthografische Schreibweise der Wörter durchliefen.

Diese Forschungsergebnisse zusammenfassend, lassen sich folgende sechs typische Etappen der Annäherung an die Regelschreibweise unterscheiden: *vorkommunikative Aktivitäten, vorphonetisches Stadium, halbphonetisches Stadium, phonetisches Stadium, phonetische Umschrift unter zunehmender Berücksichtigung typischer Rechtschreibmuster, Übergang zur entwickelten Rechtschreibfähigkeit.*

Die folgende Darstellung dieser sechs Etappen gibt einen kurzen Überblick über die Veränderung der Schreibstrategien von Kindern, wobei die altersmäßige Zuordnung im Sinne einer groben Orientierung zu sehen, nicht aber als formale Festlegung zu werten ist. Manche Kinder durchlaufen einige Stadien schneller, andere langsamer, einige verweilen in einer Etappe länger und schreiten danach umso schneller voran. Kinder gehen eigene Wege in eigenen Zeitgrenzen.

1. Phase *Vorkommunikative Aktivitäten* (von ca. zwei Jahren an)

Erste Versuche, mit Hilfe von (Schreib)-Geräten Spuren auf Papier (oder anderen Flächen) zu erzeugen . . .

Das Hervorbringen von Kritzelbildern durch Bewegung von Gegenständen auf Materialien bereitet Kindern dieses Alters sichtliches Vergnügen und Erstaunen. Es bringt erste Erfahrungen im absichtlichen Hervorbringen dauerhafter Spuren.

Alle weiteren Phasen tragen im Gegensatz zu diesen ersten Aktivitäten grundsätzlich bereits kommunikativen Charakter.

---

[2] Vgl. die entsprechenden Kapitel bei Szagun, a.a.O.
[3] Vgl. die Literaturliste im Anhang unter Castrup, Eichler, Dehn, Freinet, Gentry, Möckelmann, Read, Downing

2. Phase *Vorphonetisches Stadium* (von ca. drei/vier/fünf Jahren an)

Die Kinder beginnen, die kommunikativen Möglichkeiten von Schreiben zu entdecken und zu nutzen. Aus Kritzelbildern werden jetzt Mitteilungen: Kritzelbriefe mit wohldefinierten Botschaften. Erste Buchstabenformen (Vorformen) tauchen auf, meist als Großbuchstaben, teilweise als Bruchstücke von Buchstaben. Die Buchstaben werden ohne Erfassung der Phonem-Graphem — Zuordnungen verwandt. Buchstabe und Bildzeichen werden häufig kombiniert.

3. Phase *Halbphonetisches Stadium* von ca. vier/fünf/sechs Jahren an)

Das Kind entwickelt in seinen Schreibversuchen erste Vorstellungen davon, daß Buchstaben die Laute eines Wortes abbilden. Die bislang eher zufällig benutzten Buchstaben werden jetzt in ihrer Funktion erprobt: sie werden so ausgewählt, daß sie Laute eines Wortes wiedergeben. Dabei werden meistens nur die für das Kind besonders prägnanten Laute (Lautgruppen) abgebildet. Zwei, drei oder vier Buchstaben stehen dabei häufig für ein ganzes Wort.

```
PP    = Puppe
ht    = hat
wl    = weil
Fgd   = Fahrgeld
```

Auch wenn nicht alle Buchstaben bekannt sind, versuchen Kinder in dieser Phase mit den wenigen Zeichen, die ihnen zur Verfügung stehen, die gewünschten Wörter abzubilden.

4. Phase *Phonetische Phase* (ca. von fünf/sechs/sieben Jahren an)

Die Kinder verfeinern ihre Fähigkeit zur Abbildung der Lautstruktur von Wörtern.
Immer häufiger gelingt es, die gesamte Lautfolge eines Wortes — streng nach rein phonetischen Regeln — abzubilden. Dabei wird die Lautanalyse orientiert an der Lautung der Umgangssprache vorgenommen.

```
Vata (Fata)   = Vater
Schpiln       = spielen
gesdan        = gestern
dsurük        = zurück
```

Sprachtypische Rechtschreibmuster oder Regelmäßigkeiten spielen kaum eine Rolle.
Die Einhaltung von Wortgrenzen wird sicherer.

5. Phase *Phonetische Umschrift, bei der in zunehmendem Maße typische Rechtschreibmuster integriert werden* (von ca. sechs/sieben Jahre an bzw. ab 1./2. Klasse)

Die Kinder entwickeln ein Gespür dafür, daß die Schreibung der Wörter neben der Bestimmung durch die allgemeine Laut-Buchstaben-Zuordnung außerdem noch durch weitere orthografische Regelmäßigkeiten beeinflußt wird.

Silben erhalten jetzt immer häufiger einen Vokal, nasale Konsonanten werden regelmäßig berücksichtigt, auslautendes -er und -en erhalten einen Vokal.

aus „libr"   wird „liber" (lieber),
aus „rufn"   wird „rufen",
aus „wr"   wird „war",
aus „bak"   (bag) wird „bank" (bang).

Ein und derselbe lange Vokal kann von einem Kind innerhalb eines Textes noch ganz verschieden geschrieben werden; für das Wort „vier" können zum Beispiel folgende und weitere ähnliche Schreibweisen nebeneinander benutzt werden:

fir, fia, fihr, fier, vihr . . .

Die Abbildung wahrnehmbarer, aber für Bedeutung bzw. Schreibung irrelevanter Laute läßt nach:

aus „baei"   wird „bei",
aus „ware"   wird „war",
aus „siefei"   wird „sfei" (zwei),

Teilweise werden neue Schreibstrategien übergeneralisiert.

Da aus „Vata" (früher) jetzt „Vater" geworden ist, wird häufig im Analogieschlußverfahren nun aus „lila" auch „liler" oder aus „Sofa" auch „Sofer" und aus „Claudia" eben „Claudier".

Der in der Schule angebotene und geübte Grundwortschatz wird zunehmend sicherer und beeinflußt die Schreibung neuer Wörter.

6. Phase *Übergang zur entwickelten Rechtschreibfähigkeit* (von ca. acht/neun Jahren an bzw. zweiter/dritter Klasse an)

Die meisten Kinder verfügen jetzt über eine grundlegende Kenntnis unseres Rechtschreibsystems (Phonem-Graphem-Zuordnung). Grundlegende Regeln sind bereits sicher verankert (Großschreibung von Nomen sowie nach Punkt, Ausruf- und Fragezeichen; Feststellen der Endschreibung bei Auslautverhärtung durch Verlängern . . .).

Wortaufbau (Morpheme, Wortfamilienprinzip), Schreibung von Vor- und Nachsilben und zusammengesetzten Wörtern werden in immer größerem Ausmaß beherrscht.

Auch die Fähigkeit, Dehnungs- und Dopplungszeichen korrekt zu gebrauchen, nimmt zu.
Bei Unsicherheit wird nicht mehr ausschließlich auf die akustische Lösungshilfe zurückgegriffen, sondern in zunehmenden Maße die visuelle Korrekturhilfe mit herangezogen, d.h. alternative Schreibweisen können visuell erprobt bzw. korrigiert werden. Die Kinder verfügen inzwischen sicher über eine große Anzahl von Wörtern (Grundwortschatz).

Der hier skizzierte idealtypische Verlauf der Schreib- bzw. Rechtschreibentwicklung bei Kindern spiegelt beispielhaft, daß erste Verschriftungen und spontanes Schreiben von Kindern als abgebildete Denkversuche dieser Kinder über und mit Schrift zu betrachten sind. In diesem Sinne stellen die von den Kindern gemachten „Privatschreibungen" keine Unzulänglichkeiten (also keine Fehler) dar, sondern sind, wie Brügelmann es formuliert, „regelhafte Lösungen eines Problems: nämlich gesprochene Sprache mit unserem Alphabet zu verschriften".[4]
Lehrern geben diese „Privatschreibungen" Einblicke in den Stand der aktuellen Theoriebildung des einzelnen Kindes über unsere Rechtschreibung und damit die Chance, Kinder individuell gepaßt zu fördern und herauszufordern.
Je häufiger und je aktiver Kinder im Schulanfangsalter mit Schriftsprache umgehen, also mit „richtigem Lesen und Schreiben", desto intensiver findet bei diesen Kindern die Auseinandersetzung statt mit ihren Vorstellungen über die Beziehungen zwischen Sprache und Schrift, desto intensiver erfolgt die ständige Korrektur ihrer bisher entwickelten Theorien über diese Abbildungsbeziehungen im Hinblick auf unsere Rechtschreibung.
Diese Prozesse laufen primär während der eigenständigen Schreib- und Leseversuche der Kinder ab und nur in geringem Maße beim Nachvollziehen isolierter Teilfertigkeitsübungen im Fibeleinheitsschritt.
Eben deshalb müssen auch die unterrichtlichen Planungen der Schule für den Lese- und Schreibanfangsunterricht an dieser Stelle Schwerpunkte setzen, nämlich im Fördern, Ermutigen, Unterstützen, Herausfordern und Üben des aktiven, selbständigen Gebrauchs von Schrift.
Dieses Buch zeigt Wege dazu.

---

[4] Vgl. Hans Brügelmann u.a.: Die Schrift entdecken, Konstanz 1984, S. 19

Literaturliste

Brügelmann, u.a.: Die Schrift entdecken, Konstanz 1984

Brügelmann, Hans: Kinder auf dem Weg zur Schrift, Konstanz 1983

Bruner, J.: Der Akt der Entdeckung, in: Neber, H. (Hrsg.): Entdeckendes Lernen, Weinheim 1973

Castrup, K.-H.: Spontanschreiben zum Erwerb der Schriftsprache, in: Die Grundschule, 10. Jg. 1978, S. 445 ff.

Chomsky, Carol: Zuerst schreiben, später lesen, in: Hofer, A. (Hrsg.): Lesenlernen: Theorie und Unterricht, Düsseldorf 1976, S. 239 ff.

Dehn, Mechthild: Vom „Verschriften zum Schreiben", in: Die Grundschule, Heft 7, 1983, S. 28 — 31

Downing, J.: How children think about reading, in: Chapman/Czerniewska: Reading — from process to practice, London 1978, S. 230 ff.

Eichler, Wolfgang: Zur linguistischen Fehleranalyse bei Vor- und Grundschulkindern, in: Hofer, A. (Hrsg.) Lesenlernen: Theorie und Unterricht, Düsseldorf 1976, S. 246 ff.

Eichler, Wolfgang: Kreative Schreibirrtümer, in: Diskussion Deutsch, Heft 73, 1984, S. 629 ff.

Freinet, C.: Vom Schreiben — und Lesenlernen: Die „natürliche" Methode, in: Boehnke/Hamburg: Schreiben kann jeder, Reinbeck 1980, S. 32 ff.

Gentry, J.R.: GNYS AT WRK — An analysis of developmental spelling, in: The Reading Teacher, Vol. 36, 1982, S. 192 ff.

Möckelmann, Jochen: Dialogisches Erstlesen, aus dem Schwedischen, Frankfurt 1979

Read, C.: Kenntnisse der englischen Phonologie bei Vorschulkindern, in: Eichler/Hofer (Hrsg.): Spracherwerb und linguistische Theorien, Düsseldorf 1974, S. 174 ff.

Reichen, Jürgen: Lesen durch Schreiben, Zürich, 1982

Spitta, Gudrun, (Hrsg.): Legasthenie gibt es nicht . . . was nun? Kronberg 1977

Szagun, Gisela: Sprachentwicklung beim Kind, München, 2. Auflage 1984

Wygotski, L.S.: Denken und Sprechen, Berlin 1972

Lehrer-Bücherei: Grundschule

Herausgegeben von Horst Bartnitzky und Reinhold Christiani

Norbert Sommer-Stumpenhorst
Lese- und Rechtschreib-schwierigkeiten: vorbeugen und überwinden
Von der Legasthenie zur LRS; LRS-Diagnose; Förderkonzepte und Übungs-materialien
128 S., Pb
ISBN 3-589-05020-9

Nina Mozer
Der Schulgarten
mit Alternativen für draußen und drinnen
Anlage und Organisation; Themen und Aktivitäten; Alternativen
136 S., Abb., Pb
ISBN 3-589-05019-5

Horst Bartnitzky (Hrsg.)
Umgang mit Zensuren in allen Fächern
Leistungen und Leistungsförderung; Beobachtungen, Tests, Klassen-arbeiten; Zeugnisschreiben
2. Aufl., 152 S., Abb., Pp
ISBN 3-589-05017-9

Horst Bartnitzky
Sprachunterricht heute
Standortbestimmungen des Deutsch-unterrichts; Ziele - Wege - Unterrichts-anregungen; Beispiele und Arbeits-pläne
2. Aufl., 112 S., Pp
ISBN 3-589-05010-1

Horst Bartnitzky/
Reinhold Christiani (Hrsg.)
Materialband: Grundwortschätze
Grundlegende Aufsätze; Klassenwort-schätze; Amtliche Grundwortschätze
112 S., Pb
ISBN 3-589-05007-1

Horst Bartnitzky/Christa Fluck/
Hannelore Gräser/Christine Kretschmer
Differenzierte Diktate:
Klassen 3 und 4
Klassendiktate; tägliche Übungen; Beurteilung
3. Aufl., 84 S., Pb
ISBN 3-589-05005-5

Horst Bartnitzky/Mechtild Peisker/
Sigrid Wattendorff
Eltern helfen in der Schule
bei Festen und Feiern, Ausflügen, bei Projekten, im Unterricht
68 S., Pb
ISBN 3-589-05000-4

Gertrud Beck/Wilfried Soll (Hrsg.)
Heimat, Umgebung, Lebenswelt
Regionale Bezüge im Sachunterricht; Überlegungen und Beispiele; Anregun-gen für ein schulnahes Curriculum
114 S., 50 Abb., Pb
ISBN 3-589-05016-0

Susanne Bobrowski/
Eva-Maria Wuschansky
Differenzierte Lernkontrollen im Mathematikunterricht:
Klassen 1 und 2
Konzeption und Beispiele, Beurteilung, Auswertung
108 S., Pb
ISBN 3-589-05002-0

Cornelsen Verlag Scriptor

Vertrieb:
CVK Cornelsen Verlagskontor
Postfach 8729 · 4800 Bielefeld

Lehrer-Bücherei: Grundschule

Herausgegeben von Horst Bartnitzky und Reinhold Christiani

Cornelsen

Hans-Dieter Bunk
Zehn Projekte zum Sachunterricht
128 Seiten mit vielen Abbildungen,
Paperback, 16,80 DM
ISBN 3-589-05013-6

Annette Kayser/Lieselotte Schäkel
Kinder und Lehrer lernen:
Freie Arbeit
Anregungen und Beispiele; Tips für
Klassenraum und Materialien
3. Aufl., 80 S., Pb
ISBN 3-589-05004-7

Ingrid Naegele/Rosemarie Portmann
Materialband: Kommt, wir spielen
draußen
Hinweise zur Spielförderung;
Spielesammlung, didaktisch
kommentiert; Register
80 S., Pb
ISBN 3-589-05006-3

Ingrid Niedersteberg
Aufbau eines Grundwortschatzes:
Klasse 1 und 2
Grundwortschatz, Erarbeitung und
Übung, Differenzierung
3. Aufl., 108 S., Pb
ISBN 3-589-05001-2

Christa Röber-Siekmeyer
Sprachlicher Anfangsunterricht
mit Ausländerkindern
Deutsch verstehen und sprechen,
lesen und schreiben; Wortschatz und
Grammatik
64 S., Paperback, DM 14,80
ISBN 3-589-05003-9

Gudrun Spitta
Kinder schreiben eigene Texte:
Klasse 1 und 2
Lesen und Schreiben im Zusammen-
hang; Spontanes Schreiben; Schreib-
projekte
3. Aufl., 80 S., Abb., Pb
ISBN 3-589-05009-8

Gudrun Spitta
Von der Druckschrift zur
Schreibschrift
Entdeckendes Schreibenlernen;
Schreibenlernen mit Druckschrift;
Übergänge zur Schreibschrift
2. Aufl., 112 S., 48 Abb., Pb
ISBN 3-589-05014-4

Lieselotte Stohlmann
Singen in der Grundschule
Probleme mit dem Singen; Vielseitiger
Umgang mit Liedern; Liedauswahl und
Liederspiele
2. Aufl., 112 S., Pb
ISBN 3-589-05008-X

Heinrich Winter
Mathematik entdecken
Neue Ansätze für den Unterricht in der
Grundschule
Reformen und Gegenreformen;
Entdeckendes Lernen; Kreatives Üben -
das 1x1
2. Aufl., 116 S., Abb., Pb
ISBN 3-589-05011-X

Heinrich Winter
Sachrechnen in der Grundschule
Problematik des Sachrechnens,
Funktionen des Rechnens, Unterrichts-
projekte
88 S., Abb., Pb
ISBN 3-589-05012-8

Cornelsen Verlag
Scriptor

Vertrieb:
CVK Cornelsen Verlagskontor
Postfach 8729 · 4800 Bielefeld